Andrea Raulf

Bootsferien in Skandinavien

Messeexemplar

7295729

Europas schönste
Binnengewässer

Bootsferien
in Skandinavien

Top-Reviere

Andrea Raulf

IMPRESSUM

Einbandgestaltung: Katja Draenert
Titelbild: Terje Rakke / Norwegian Tourist Board
Bildnachweis: s. Anhang
Schifffahrtszeichen: Abdruck mit freundlicher Genehmigung
der Nautischen Veröffentlichung Verlagsgesellschaft
Karten: KARTOGRAPHIE Peh/Schefcik, Eppelheim

Eine Haftung des Autors oder des Verlages und seiner Beauftragten
für Personen-, Sach- und Vermögensschäden ist ausgeschlossen.

ISBN 3-613-50422-7

Copyright © by Pietsch Verlag, Postfach 103743, 70032 Stuttgart
Ein Unternehmen der Paul Pietsch Verlage GmbH + Co
1. Auflage 2003

Nachdruck, auch einzelner Teile, ist verboten. Das Urheberrecht und
sämtliche weiteren Rechte sind dem Verlag vorbehalten. Übersetzung, Speicherung, Vervielfältigung und Verbreitung einschließlich
Übernahme auf elektronische Datenträger wie CD-ROM, Bildplatte
usw. sowie Einspeicherung in elektronische Medien wie Bildschirmtext, Internet usw. sind ohne vorherige schriftliche Genehmigung des Verlages unzulässig und strafbar.

Lektorat: Martin Gollnick
Innengestaltung: Anita Ament
Druck: Maisch & Queck, 70839 Gerlingen
Bindung: Karl Dieringer GmbH, 70839 Gerlingen
Printed in Germany

INHALT

Schwedische Erholung pur: Schwimmende Holzsauna im Göta Kanal.

Liebe Leserin, lieber Leser,

Mit diesem Reiseführer halten Sie ein neuartiges Produkt für die Planung Ihrer Boostferien in den Händen. Das Buch will Sie auf die Schönheiten Ihrer Reise einstimmen und Ihnen gleichzeitig die wichtigsten Tipps und Informationen zur Vorbereitung Ihres Törns geben. Egal, ob Sie ein »alter Charter-Hase« oder aber Einsteiger in diese faszinierende Urlaubsform sind.

Wir, die Mitglieder der Vereinigung Deutscher Yacht-Charterunternehmen e.V., haben unsere gewachsenen Branchenerfahrungen in dieses Buch einfließen lassen. Als VDC sind wir der Zusammenschluss führender Charterfirmen in der Bundesrepublik Deutschland. Bereits seit 1981 erarbeiten wir ein breit angelegtes Dienstleistungsangebot für Charterkunden sowie Problemlösungen für die gesamte Branche.

Unsere wichtigsten Ziele sind die stetige Steigerung der Qualitäts- und Sicherheitsstandards bei der Charter sowie Serviceleistungen für Charterunternehmen und deren Kunden. Speziallösungen im Versicherungssektor oder die Einrichtung einer Schiedsstelle zur außergerichtlichen Schlichtung von Streitfäl-

len zwischen Charterunternehmen und Kunden sind nur einige der Projekte, die wir erfolgreich umgesetzt haben.

Viele der hier vorliegenden Tipps und Informationen sind das Ergebnis unserer intensiven Arbeit für einen unbeschwerten und sicheren Bootsurlaub. So zum Beispiel unsere »Richtlinien«, die als freiwillige Selbstverpflichtung unseres Verbands Transparenz und Klarheit bei der Abwicklung Ihrer Charterreise schaffen.

Wir wünschen Ihnen viel Vergnügen mit den schönsten Genusstouren auf den Binnenrevieren Europas und immer eine Handbreit Wasser unter dem Kiel.

Ihre
Vereinigung Deutscher
Yacht-Charterunternehmen

Eine Reise durch Finnland bietet stets eine reizvolle Mischung aus Natur und Kultur.

Skandinavien – vier Länder im hohen Norden Europas, bei deren Erwähnung man sofort an Fjorde, Mitternachtssonne und den Polarkreis denkt. Und natürlich an endlose, undurchdringliche Wälder, in denen der König des Nordens unumschränkter Herrscher ist: Der majestätische Elch.

Urlaub in Skandinavien? Wer sieht sich nicht gleich sein Zelt in unberührter Natur aufbauen, in menschenleerer Weite, so weit das Auge reicht? Oder sitzen Sie in Gedanken am Kaminfeuer, in einer gemütlich-kuscheligen Blockhütte am Ufer eines stillen Sees? Skandinavien lässt sich aber auch hervorragend zu Wasser erkunden – fast jeder sechste Skandinavier besitzt ein eigenes Boot. Was läge näher, als es den Einheimischen nachzutun und unsere faszinierenden Nachbarländer mit dem Hausboot zu bereisen?

Eine Ausnahme bildet hier allerdings Dänemark. Es ist ein schmales Land ohne Flüsse, Kanäle oder größere Seen. Wer Dänemark mit dem Schiff bereisen will, muss sich auf die Küstengewässer beschränken, was leider mit dem Hausboot nicht möglich ist. Auch Norwegen und Finnland sind für Hausboot-reisen nur bedingt geeignet. Die geographische Struktur dieser Länder wurde von der letzten Eiszeit geprägt: Steile Bergmassive bestimmen die Landschaften, reißende Flüsse und flache Seen sind die vorherrschenden Gewässer. Für Kanuten und Outdoor-Fans ein wahres Eldorado, doch die erholsame Langsamkeit des Hausbootfahrens kann nur an wenigen Orten erlebt werden.

Beginnen wir mit Norwegen, dem westlichsten der skandinavischen Länder. Fernab von den wildromantischen Fjorden der rauen Westküste befindet sich die Region Telemark. Die urwüchsige Landschaft mit ihren großen Wald- und Gebirgsgegenden ist eines der ältesten Urlaubsgebiete Norwegens. Traditionen und Volkskunst bestimmen das tägliche Leben der Menschen; kleine, malerische Bauernhöfe und idyllische Dörfer prägen das Gesicht der Telemark. Stunden-, ja tagelang können Sie hier reisen, ohne auch nur einer Menschenseele zu begegnen. Eine seit Jahrhunderten pulsierende Lebensader bildet der Telemarkkanal. Folgen Sie seinem geruhsamen Lauf vom Meer in die grandiosen Wälder Norwegens, durch steile Fels-klippen bis hinauf auf die Hochebene von Hardangervidda. Wo sonst auf der Welt ist es möglich, mit einem Schiff vom Meer ins Hochgebirge zu fahren?

Als »Land der 1000 Seen« ist Finnland bekannt – wer jedoch genauer nachzählt, kommt auf die fast unglaubliche Zahl von 50 000 bis 70 000 Seen, je nachdem, welche Gewässergröße man als »See« definiert. Ein Paradies für Hausbootfahrer ist die Saimaa-Seenplatte in Karelien, im Osten Finnlands. Ein Seensystem, so groß wie die Beneluxstaaten, stellt den Reisenden vor die Qual der Wahl. Ein Labyrinth von Zehntausenden von Inselchen lässt nicht einmal dem geringsten Anflug von Langeweile eine Chance. Von der beeindruckenden Natur ganz zu schweigen: Urwüchsige Wälder und seltene Tiere lassen Sie glauben, in eine Zeit weit vor der unseren zurückversetzt worden zu sein.

Die wechselvolle Geschichte Kareliens als Spielball zwischen westlicher und östlicher Kultur ist allerorts spürbar: Sei es in den imposanten Kathedralen mit ihren prachtvollen Ikonensammlungen, in der aufgeschlossenen Herzlichkeit der Einheimischen – oder in den Küchen der lauschigen Restaurants, deren fin-

9

nische und russische Spezialitäten jeden Gedanken an Diät im Keim ersticken.
Schwedens bekanntestes Möbelhaus tat gut daran, den Elch als sein Wappentier zu küren: Über 400 000 Exemplare dieser majestätischen Vierbeiner durchstreifen das dünnbesiedelte Land im Norden. Eingebettet zwischen Norwegen und Finnland zeigt auch Schweden die Spuren der letzten Eiszeit – schroffe Berge im Norden und tiefe Seen und Flüsse im Süden haben die gewaltigen Gletscher hinterlassen. Die Kanalbauer des 18. und 19. Jahrhunderts hatten in ihren Planungen ein leichtes Spiel, denn nur wenige Kilometer künstlich angelegter Wasserstraßen reichten jeweils aus, um weitläufige Landstriche miteinander zu verbinden.

Und was für Landstriche Sie dank der Ingenieurskunst vergangener Jahrhunderte bereisen können! Ganz im Westen liegt die Provinz Bohuslän, die »salzigste Ecke Schwedens«. Das Kattegat umspült die Granitküste mit ihren malerischen Fischerörtchen und der Metropole Göteborg.

Gleich nördlich von Bohuslän finden Sie das kleine Dalsland an der Grenze zu Norwegen. Dalsland wird von Kennern gern als »Schweden en miniature« bezeichnet. Nirgends in ganz Schweden ist die Landschaft abwechslungsreicher, sind Flora und Fauna vielfältiger als hier. Wundern Sie sich nicht, wenn freundliche Schleusenwärter Ihnen einen Klengås, den für Dalsland typischen Molkekuchen, anbieten. Gastfreundschaft wird hier in der kleinsten Provinz ganz groß geschrieben!

Mitten in Mittelschweden sind Västergötland und Värmland angesiedelt. Nur wenig Platz bleibt für Landratten, denn die größten Seen Schwedens finden sich hier. An den Ufern von Vänern- und Vättern-See reichen sich Vergangenheit und Gegenwart die Hand: Urzeitliche Zeugnisse in Form von rätselhaften Runensteinen und Fluchtburgen säumen das größte Bauwerk Schwedens – den Göta Kanal. Auf diesem »blauen Band« ist es möglich, ein ganzes Land in seiner gesamten Breite zu durchfahren, was wohl einzigartig in Europa ist. Mittsommerfeste, Tanz und Musik an den Schleusen und auf dörflichen Marktplätzen halten alte Traditionen lebendig. Im Norden von Värmland erinnert ein gigantisches Freilichtmuseum an die glorreichen Zeiten des schwedischen Bergbaus.

Wie verstreute Smaragde liegen die Inseln in den Saimaa-Seen.

Zauberhaft und verzaubernd geht es auch zu in Uppland und Södermanland. Schon die alten Wikinger verliebten sich in diesen Landstrich und gründeten die ersten schwedischen Städte. Den wilden Männern folgten zahlreiche Königshäuser, und jedes von Ihnen hinterließ Schlösser, Paläste und Sommersitze an den Ufern des Mälaren-Sees. Begeben Sie sich zwischen die Seiten eines Märchenbuchs aus alten Tagen und lustwandeln Sie in den prachtvollen Gärten von Königen, Reichsmarschällen und Hansekaufleuten. Und wer weiß – vielleicht begegnet Ihnen sogar eine echte Prinzessin?

Zumindest aber eine gute Fee, die Sie bei der Hand nimmt und nach Stockholm entführt – denn in dieser Stadt bleiben wirklich keine Wünsche offen. Auf 14 Inseln erbaut, bietet die Hauptstadt Schwedens alles, was das Herz eines Besuchers nur begehren kann: Historie und Histörchen, kulturelle und gastronomische Highlights, Badestrände mitten in der City und berühmte Persönlichkeiten bei den Feierlichkeiten zur Nobelpreisverleihung. Der Schärengarten vor den Toren Stockholms schließlich zeigt noch einmal, welch perfekte Vereinigung die Elemente Wasser und Land eingehen können.

11

Der König der schwedischen Wälder:
Der majestätische Elch.

Keine Angst!

Wenn Sie dieses Büchlein lediglich gekauft haben, um als »alter Skipper« ein paar neue Tourvorschläge an die Hand zu bekommen, dann können sie diesen Abschnitt überspringen. Für all diejenigen aber, die vielleicht schon seit geraumer Zeit von einem Urlaub auf dem Wasser träumen, insgeheim aber bei sich denken: »Ich kann doch gar nicht Boot fahren«, sei hier als Erstes und Wichtigstes betont: Doch, das können Sie. Ganz bestimmt sogar. Wer Auto fahren kann, kommt auch mit einem Boot klar. Jedenfalls mit den Booten, von denen in dieser Buch-Reihe die Rede ist. Nur zwei Dinge benötigen Sie dazu: Ein bisschen Vorbereitung und Planung, denn ganz so routiniert, wie Sie sonst vielleicht im Urlaub ein Hotelzimmer beziehen, werden Sie Ihr erstes Boot zweifelsohne nicht übernehmen. Und ein bisschen Hilfe, denn auch, wenn Sie Bug und Heck eines Bootes sicher auseinander halten können, kann Ihnen beispielsweise Ihr Vercharterer noch so manches zeigen, was Sie als Anfänger ganz bestimmt noch nicht wissen.

Und Sie können sich darauf verlassen: Genau das wird, ja muss Ihr Vercharterer auch tun! Eine ausführliche Einweisung in das Boot und seine Bedienung mitsamt den wichtigsten Fahrmanövern erhalten Sie auf jeden Fall vor Antritt Ihrer Reise – zumindest, wenn es sich um einen seriösen und/oder größeren Vercharterer handelt. Und wenn dann doch einmal ein Anlegemanöver ein paar Kratzer im Schiffsrumpf hinterlässt, dann sind Sie in der Regel automatisch gut versichert. Darüber hinaus dürften Sie in den weitaus meisten Fällen von Ihrem Vercharterer auch vorab schon genügend Informations-, Karten- und sonstiges Material erhalten, sodass auch Vorbereitung und Planung keine Probleme mehr darstellen sollten.

Und schließlich finden Sie natürlich auch in diesem Buch noch jede Menge Tipps zum Urlaub auf dem Wasser und zu den Besonderheiten der einzelnen Touren. Deshalb: Auch wenn Sie sich auf Anhieb für eine Tour entschieden haben, legen Sie das Buch nicht gleich zur Seite. Im Anhang finden Sie noch einige Abschnitte, auf die Sie vor Fahrtantritt unbedingt einen Blick geworfen haben sollten!

Vor Ihrem Urlaub auf dem Hausboot

Informieren Sie sich schon vor Antritt der Reise über das gewählte Urlaubsziel: Besonderheiten des Landes, Einreise- und Ausreisebestimmungen (wichtig vor allem auch, wenn Sie Haustiere mitnehmen wollen), Währung, Navigationsbesonderheiten, Wörterbücher etc. Denken Sie auch an die Hausapotheke und einen Werkzeugkasten für kleinere Reparaturen (falls nicht an Bord vorhanden)! Besorgen Sie sich entsprechendes Kartenmaterial (detaillierte See- oder Gewässerkarten) und Reiseführer für die Region und fragen Sie auch unbedingt Ihr Charter-

Top 12

Lernen Sie Land und Leute aus einer außergewöhnlichen Perspektive kennen: Vom Wasser aus. Die Reisen wurden unter folgenden Kriterien für Sie ausgewählt:

• reizvolle Landschaften
• kulturelle und gastronomische Highlights
• bootsfreundliche Infrastruktur
• geringer Schwierigkeitsgrad
• unbedenklich für Umwelt und Natur

Die hier vorgestellten zwölf Touren sind so ausgewählt, dass sie sowohl dem kulturellen als auch dem gastronomischen Anspruch gerecht werden. Die schönsten Landschaften in Verbindung mit auch für den Hausboot-Anfänger leicht zu bewältigenden Routen garantieren, dass die Urlaubsreise nicht in Plackerei ausartet, sondern von Anfang an ein genussreiches Erlebnis bietet.

unternehmen nach der Ausstattung des Bootes: Ist Bettzeug und Kücheneinrichtung vorhanden oder müssen Sie dies selbst mitbringen? Fast alle Boote sind modern und komfortabel eingerichtet, Kühlschrank, Herd, Badezimmer mit Toilette und Dusche, Warmwasserbereitung, Heizung, Liegestühle und andere Annehmlichkeiten gehören mittlerweile zur Standardausstattung. Insgesamt ist die Raumaufteilung auf einem Hausboot gut durchdacht, doch es ist ratsam, ein Boot zu mie-

Schloss Gripsholm liegt an einem der beliebtesten Bootsreviere in Schweden, dem Mälaren-See.

ten, das für mehr Personen ausgelegt ist, als tatsächlich an Bord gehen werden. Aufgrund der Bootsgröße unterscheidet sich die jeweilige Ausstattung, so dass Sie auf einem größeren Hausboot den Komfort Ihres schwimmenden Heims erst so richtig genießen können.

Für kleinere Ausflüge ins Umland empfiehlt sich die Mitnahme von Fahrrädern. In größeren Städten können Sie aber auch Räder oder ein Auto vor Ort mieten. In jedem Fall sollten zu Ihrer Grundausstattung ein Rucksack, Wanderschuhe und eine Angel gehören.

Berücksichtigen Sie bitte, dass wie bei jeder andere Reise auch bei Hausbootferien in der Hochsaison Engpässe entstehen können: Buchen Sie Ihre Reise rechtzeitig!

Führerschein

Grundsätzlich gilt für das Befahren der Binnenwasserstrassen Skandinaviens für Charterboote die Führerscheinfreiheit, eine Fahrpraxis muss nicht nachgewiesen werden. Bedenken Sie aber in Ihrem eigenen Interesse, dass es auch kompliziertere Fahrwasser gibt, die dem Anfänger Probleme bereiten können. Nutzen Sie die Einweisung durch Ihr Charterunternehmen und üben Sie die Manöver mit dem Personal – jetzt können Sie noch Fragen stellen, später sind Sie auf sich allein gestellt!

Im Hafen angekommen

Die Charterunternehmen sind verpflichtet, den Mieter nicht nur in die technischen Funktionen des Bootes einzuweisen, sondern ihn auch unter Aufsicht bestimmte Manöver und eine Probefahrt absolvieren zu lassen. Zunächst kontrollieren Sie die Einrichtung des Bootes im Hinblick auf die zwei Funktionen Ihrer schwimmenden Ferienunterkunft: »Haus« und »Boot«. Sind alle bei der Anmietung abgesprochenen Einrichtungen (Kühlschrank, Heißwasser, Liegestühle etc.) vorhanden und funktionstüchtig? Lassen Sie sich die Bedienung des technischen Equipments (Motor, Steuerruder usw.) genauestens und in allen Einzelheiten erklären bzw. vorführen. Alles, was Sie bei der Übernahme nicht reklamieren, gilt im Streitfall als ordnungsgemäß übergeben. Verzichten Sie vor allem nicht aus Zeitgründen auf die Probefahrt, im Ernstfall könnte sich dies rächen und Ihre Sicherheit gefährden.

Ihr Charterunternehmen kann Ihnen auch Auskunft zum Thema »Gebühren« geben. Erkundigen Sie sich schon im Vorfeld, ob diese Gebühren für die Nutzung der Wasserstrasse oder der Schleusen und Brücken schon im Gesamtpreis Ihrer Reise inbegriffen sind oder ob sie separat entrichtet werden müssen.

Bei manchen Verchartern besteht die Möglichkeit, mit einem ersten Proviant ausgestattet zu werden. Sollten Sie sich für diese Möglichkeit entschieden haben, kontrollieren Sie auch hier nach Ihrer Ankunft zunächst die Vollständigkeit. Ansonsten unternehmen Sie einen ersten Einkaufsbummel im Ort Ihres Abreisehafens und stimmen sich ein auf die kulinarischen Gegebenheiten des Landes, das für die nächste Zeit Ihr Zuhause sein wird.

Lassen Sie sich von Ihrem Charterunternehmen über die Besonderheiten des Gewässers informieren: Auskünfte über Geschwindigkeitsvorschriften, Besonderheiten einzelner Schleusen, Hochwasser und eventuelle Ersatzstrecken, Übernachtungs-

15

Geradezu überwältigend: Das Wikingerschiff »Wasa« im gleichnamigen Museum in Stockholm.

möglichkeiten an Land, gute Stellen fürs Angeln und evtl. dafür notwendige Lizenzen, detaillierte Wasserkarten sind besonders wertvoll, wenn sie von den »Insidern«, die jeden Tag mit diesem Revier zu tun haben, gegeben werden.

Die Touren
Im Folgenden werden Ihnen zwölf Touren in den verschie-

densten Regionen Skandinaviens vorgestellt. So können Sie mit Ihrer Lieblingslandschaft beginnen und sich nach und nach die anderen Schönheiten des Landes mit dem Hausboot »erfahren«.

Jeder Tour haben wir eine kleine Beschreibung der Region vorangestellt, die einen Vorgeschmack geben soll auf das, was Sie erwartet: Landschaft, Geschichte, Kunst, Kultur und gastronomische Highlights.

Die Routen sind unterteilt nach Etappen, die von ihrer Kilometer- und Schleusenanzahl zumeist in einem Tag zurückgelegt werden können. Zeiten für Entspannung, Besichtigungen, Einkaufstouren sind hierbei berücksichtigt. Die ungefähre Gesamtlänge der Reisen ist in fast allen Fällen eine Woche. Natürlich ist es möglich, dass Sie die vorgeschlagenen Etappen nicht buchstabengetreu einhalten werden, weil der eine oder andere Ort Sie so in seinen Bann zieht, dass Sie hier länger verweilen möchten. Informieren Sie sich deshalb im Vorfeld schon gründlich über Ihr Reiseziel, so dass Sie gegebenenfalls Ihr Boot für einen entsprechend längeren Zeitraum buchen können.

Jeder Tour ist ein Informationsteil angefügt, er informiert Sie

Romantischer Sonnenuntergang – Zeit, den nächsten Hafen anzulaufen und den Tag zu beschließen.

über wichtige regionale Adressen an Land und zu Wasser. Sollten Sie detailliertere Informationen wünschen, z.B. Öffnungszeiten bestimmter Museen, wenden Sie sich bitte an die regionalen Tourismusbüros. Wir haben diese Angaben absichtlich nicht in diesen Reiseführer mit aufgenommen, da sich solche Daten erfahrungsgemäß über die Jahre verändern können. Gleiches gilt auch für Schleusenzeiten, die von Ferien und beweglichen Feiertagen abhängig sind. Die entsprechenden Adressen und Telefonnummern hierzu finden Sie im Anhang dieses Buches.

Trevlig resa!

17

NORWEGEN: TELEMARKKANAL

Das Fluten der alten Holztore wird Ihnen ein unvergessliches Erlebnis sein.

MIT DEM BOOT VOM MEER INS HOCHGEBIRGE

Nur wenige Kilometer entfernt liegt die norwegische Schärenküste am sturmumtosten Skagerrak, während Sie im ruhigen Hafen eines alten Handelsstädtchens die letzten Vorbereitungen für die Abreise treffen. Schon nach kurzer Zeit des gemütlichen Dahinschipperns wird das geschäftige Treiben abgelöst von der grandiosen Natur Norwegens: Tiefe, dichte Nadelwälder umgeben den Kanal, steile Felswände scheinen immer näher ans Wasser zu rücken und geben an ihrem Ende den Blick frei auf weite, friedliche Seen.

Brausend sprudelt das klare Wasser durch den Spalt der knarrenden Holztore in die letzte steinerne Schleusenkammer. Hoch über dem Meeresspiegel nehmen Sie Kurs auf die Hochebene Hardangervidda, hinter der sich am Horizont mächtige Gebirge erheben und Sie vom fernen Nordkap träumen lassen. Noch vor gut 120 Jahren war der Transport von Menschen, Vieh und Gütern durch den Bezirk Telemark ein zeitraubendes und beschwerliches Unterfangen: Über die großen Seen konnte man rudern, doch die Strecken zwischen den Seen und an den zahlreichen Wasserfällen vorbei mussten zu Fuß oder mit Pfer-

den zurückgelegt werden. Einen Großteil des Verkehrs machte der Transport von Erzen aus dem Westen der Telemark hinunter ans Meer aus. Der zweite bedeutende Wirtschaftszweig war und ist der Holzhandel. Flößer in Zeiten vor dem Kanalbau lebten ein gefährliches Leben: In Vrangfoss z.B. führte der Wasserweg durch einen zwei Kilometer langen, schmalen Felseinschnitt und fiel danach 25 Meter tief. Man sagt, dass Holzstämme auf dieser Strecke oft mehrere Jahre hängen blieben, und 14 Männer waren über das ganze Jahr hinweg allein

Tour-Daten

Charakter: Auf der »Hurtigrute« zwischen Ost- und Westnorwegen fahren Sie durch dichte Nadelwälder und zwischen steil aufragenden Felswänden hindurch. Die hölzernen Tore der Schleusen auf dieser Strecke werden noch heute von erfahrenen Schleusenwärtern von Hand bedient, die Kammern sind aus dem Fels gesprengt oder aus Stein gemauert.

Wasserstraße: Telemarkkanal

Strecke: Porsgrunn–Notodden–Dalen

Dauer: 1 Woche

Länge: 193 km

Anzahl der Schleusen: 8

Größter Tiefgang: 2,50 m

Größte Höhe: 4,00 m

damit beschäftigt, die alten Stämme zu befreien. Das ständige Aneinanderreiben des Holzes konnte sogar dazu führen, dass die Stämme in Brand gerieten. Nach nur fünf Jahren Bauzeit, in denen sich 500 Arbeiter ihren Weg durch die norwegische Bergwelt gesprengt hatten, wurde der Telemarkkanal im Jahre 1892 eröffnet. Man nannte ihn damals das »achte Weltwunder«, denn auf einer Länge von 105 Kilometern von Skien nach Dalen wurde mit 18 Schleusenkammern ein Höhenunterschied von 72 Metern überwunden – eine technische Meisterleistung zu dieser Zeit. Der Kanal wurde als »Hurtigrute« zwischen Ost- und Westnorwegen bezeichnet und war zu seiner Blütezeit wichtigster Verkehrsweg innerhalb der Telemark.

Eine Reise auf dem Telemarkkanal versetzt Sie zurück ins 19. Jahrhundert: Noch heute werden die hölzernen Schleusentore von erfahrenen Schleusenwärtern von Hand bedient, die Kammern sind aus dem Fels gesprengt oder aus Stein gemauert – alles ist nach wie vor authentisch. Für die vorbildliche Restaurierung und Erhaltung der ursprünglichen Einrichtungen erhielt der Telemarkkanal als einziger Wasserweg Europas 1994 die Auszeichnung »EUROPA NOSTRA'S«.

Die Bootsreisesaison in Norwegen ist wesentlich kürzer als z.b. in Frankreich, so dass auch die Einrichtungen am Kanal wie Häfen oder Schleusen außerhalb der Sommermonate ihren Betrieb stark einschränken. Anlässlich des Bluesfestivals in Notodden Anfang August erweitern die Schleusen Skien und Løveid ihre Öffnungszeiten um zwei Stunden am Abend.

Porsgrunn

Bis Skien: 9 km

Das an den Flussufern wachsende Heidekraut (auf norwegisch »pors«) gab der Stadt einst ihren Namen. In Laufweite zur Innenstadt können Sie sich gleich zwischen zwei Gasthäfen entscheiden: Dem Hafen »Down Town Porsgrunn« und der »Porsgrunn Østre Brygge«. Beide sind bestens ausgestattet mit allen Ver- und Entsorgungsmöglichkeiten, Trinkwasser, Restaurants etc.

Schon im 17. Jahrhundert war Porsgrunn ein bedeutender Hafen für die Verschiffung von Holz. Zu Zeiten der Industrialisierung im 19. Jahrhundert siedelten sich Werften und Sägewerke an. Seine eigentliche überregionale Bedeutung aber erlangte Porsgrunn als »Porzellanstadt«. Mit Hilfe von deutschen Facharbeitern aus Meißen wurde am 11. Mai 1885 die »Porsgrunds Porselænsfabrik« gegründet. Nehmen Sie an einer einstündigen Führung teil und erleben Sie, wie aus grauem Ton die filigranen, kunstvoll bemalten Kostbarkeiten entstehen.

Gleich nebenan, am Kai des alten Zollpackhauses von 1760, können Sie an Bord des Schleppers »Hans Martin« gehen, der zur ständigen Ausstellung des hier untergebrachten Schifffahrts-Museums gehört. Die »Hans Martin« ist ein stahlarmiertes Betonschiff, das 1918 in Porsgrunn gebaut wurde und als technische Weltsensation seiner Zeit galt. Unternehmen Sie von hier aus einen Spaziergang durch »Osebrostrøket«, das bestens erhaltenc historische Stadtviertel Porsgrunns. Zahlreiche Kirchen säumen Ihre Wanderung durch die Stadt, so z.B. die »Vår Frues Kirke«, die einzige katholische Kirche in der Telemark, die für die deutschen Porzellanarbeiter errichtet wurde. Aus dem Jahr 1760 stammt die »Østre Porsgrunn Kirke«, eine Holzkirche im Rokokostil. Das älteste Gotteshaus der Gegend ist die Kirche von Eidanger: Ein typisches Beispiel für die Steinkirchen, die im 12. Jahrhundert in der Telemark gebaut wurden. Wertvolles Kirchensilber und mittelalterliche Gemälde machen den Besuch zu einem besonderen Erlebnis.

Skien

Bis Akkerhaugen: 35 km, 2 Schleusen (»Skien«, »Løveid«)

Auch in Skien, der Hauptstadt der Telemark, können Sie zwischen zwei Gasthäfen wählen: Der »Hjellebrygga Marina« mit ihrer Pier für die Ausflugsschiffe gleich in der Innenstadt oder der »Skotfoss Marina« in der Nähe der Schleuse Løveid.

Wer Skien zum ersten Mal besucht, mag kaum glauben, dass diese Stadt schon im Jahre 900 gegründet wurde – zahlreiche Feuersbrünste zwischen dem 16. und 19. Jahrhundert haben den Ort immer wieder verwüstet, und so sind lediglich im Stadtteil Snipetorp ältere Gebäude zu bewundern. Sie finden hier auch das Haus »Ibsengrüden«, in dem der berühmte Dramatiker Henrik Ibsen seine späteren Jahre verbrachte. Ein weiterer berühmter Sohn der Stadt ist Hjalmar Johansen, der an den

Polexpeditionen von Fritjof Nansen und Roald Amundsen teilnahm. Eine Statue in Lunde Vale erinnert an den Polarforscher.

Gleich oberhalb des alten Viertels liegt auf einer Anhöhe der »Brekkepark«, in dem sich auch das Bezirksmuseum der Telemark befindet. Nach einem Besuch des Freiluftmuseums mit historischen Gebäuden aus allen Teilen des Landes genießen Sie die Aussicht über die Altstadt von Skien. Das Stadtbild wird geprägt von der beeindrucken Fassade der »Skien Kirke« mit ihren zwei Haupttürmen. Wenn Sie ein Liebhaber von Orgelmusik sind, sollten Sie einen Besuch dieser Kirche auf keinen Fall versäumen: Sie besitzt eine der schönsten Orgeln des Landes mit 70 Registern und 6000 Pfeifen. Vom Geistlichen zum Geistigen ist es in Skien nur ein kurzer Spaziergang: Die »Lundetangen Bryggeri« (Brauerei) besitzt ein eigenes Museum. Führungen erzählen von der Geschichte des Bierbrauens in Skien, die im Jahr 1854 begann. Nehmen Sie sich die Zeit, auch das Umland von Skien zu erkunden: In Gjerpen, ein wenig nördlich der Stadt, können Sie das Geburtshaus von Henrik Ibsen besichtigen. Ganz in der Nähe befindet sich das »Børsesjø« Naturreservat, das Heimat für über 200 Vogelarten ist. Ein Wanderweg führt gleich an der Kirche von Gjerpen aus dem 12. Jahrhundert vorbei hinunter an den Børse-See. Einen Einblick in die industrielle Geschichte erhalten Sie im ältesten Bergwerk des Landes »Glasergruva«, das auf der Spitze eines steilen Hügels im Jahr 1543 erbaut wurde. Sie verlassen nun die vergleichsweise dichte Besiedlung der südlichen Telemark und befahren bei Skotfoss den Løveid-Kanal, der in den Jahren 1854–1860 mit Pulver aus den Felsen gesprengt wurde. Der enge Kanal mündet in den Norsjø-See, auf dessen rechter Seite Sie nach wenigen Kilometern einen kleinen Anleger finden. Ca. 30 m über dem Wasserspiegel erreichen Sie nach einer kleinen Kletterpartie die »Michaelshöhle«, in der nach der Reformation noch katholische Messen abgehalten wurden.

Akkerhaugen

Bis Notodden: 20 km
Legen Sie in der Marina von Akkerhaugen oder einige Kilometer vorher am Westufer des Sees in der Marina Gvarva an und er-

kunden Sie das Hinterland des Kanals. Wilde Bäche und verschwiegene Flüsschen machen die Telemark zu einem Eldorado für Petrijünger. Sollte Sie das Anglerglück verlassen, finden Sie in beiden Städtchen beste Einkaufsmöglichkeiten.

Durch den engen Bråfjord, an dessen Seiten steile Felsen aufragen, gelangen Sie in den Heddalsvatn-See. An seiner nördlichen Spitze endet der Telemarkkanal bei der Stadt Notodden.

Notodden

Bis Ulefoss: 36 km
Gehen Sie bei der »Notodden Brygge« oder »Notodden Motorbåtforening« vor Anker und erkunden Sie nach nur 10 Minuten Fußweg die berühmte »Blues-Stadt« des Nordens. Alljährlich Anfang August zieht es um die 30 000 Menschen in das Handelszentrum der Ost-Telemark. Für vier Tage steht Notodden ganz im Zeichen des Blues, und sogar die Schleusen Skien und Løveid verlängern ihre Öffnungszeiten für die Musikfans, die per Boot anreisen.

Notodden verdankt seine Entwicklung der Flößerei, der Wasserkraft und den Eisenerzen der Gegend. Heute gilt die Stadt als Norwegens wichtigster Standort für die Kunststoffherstellung. Der größte Stromerzeuger des Landes, Norsk Hydro, wurde 1905 hier gegründet und unterhält auf seinem Werksgelände ein eigenes Museum zur Unternehmens- und Industriegeschichte. Ebenfalls in einem alten Industriegebäude, der ehemaligen Holzschleiferei, befindet sich die Bezirksgalerie der Telemark mit wechselnden Ausstellungen.

Ein Besichtigungs-»Muss« in dieser Gegend liegt nur zirka fünf Kilometer westlich der Stadt: Die Stabkirche von Heddal. Sie gehört zu den größten noch erhaltenen Stabkirchen des Landes und stammt vermutlich aus dem Jahr 1147. Vier reich verzierte Eingangsportale führen in das Innere des beeindruckenden Bauwerks, das mit Wandmalereien aus dem 17. Jahrhundert verziert ist. Die meisten Stücke des wertvollen Inventars befinden sich leider mittlerweile im Museum in Oslo. In der Scheune des Pfarrhofes ist jedoch eine Ausstellung über die Kirche zu sehen. Inmitten eines weitläufigen Naturschutz- und Erholungsgebietes finden Sie nicht weit von der Kirche entfernt das Heimatmuseum Heddal, ein Freilichtmuseum, das typische Häuser aus dem Osten der Telemark zeigt. Genießen Sie Ihre geruhsame Reise zurück gen Süden, bis Sie ungefähr in der Mitte des Norsjø-Sees bei Ulefoss in den westlichen Arm des Telemarkkanals einfahren.

Ulefoss

Bis Lunde: 12 km, 3 Schleusen (»Ulefoss«, »Eidsfoss«, »Vrangfoss«)
Bevor Sie in die erste Schleuse einfahren, die den Bergaufstieg des Telemarkkanals markiert, machen Sie im Gästehafen »Ulefoss Gjestebrygge« fest und besuchen Sie die Ausstellung über den Kanal und die Eisenindustrie der Gegend im alten Gebäude der Sparbank Holla direkt neben der Schleuse. Auf der anderen Seite des Kanals, gleich neben dem Wasserfall, liegt das Gut »Ulefoss Hovedgaard«. Es diente Anfang des 19. Jahrhunderts als Sommerresidenz des Staatsrates Niels Aall. Die ursprüngliche Einrichtung samt wertvoller Gemälde wurde im Haus belassen, und in einem Nebengebäude ist ein Kutschenmuseum untergebracht. Der Stadtteil Øvre Verket mit seinen roten Wohn- und Wirtschaftsgebäuden steht unter Denkmalschutz und ist noch heute ein lebendiges Handwerkerviertel, in dem an jedem ersten Wochenende im Juli ein Kunst- und Handwerkermarkt stattfindet. Trachten oder Goldschmiedekunst eignen sich hervorragend als Mitbringsel für die Daheimgebliebenen, und in der ökologischen Bäckerei können Sie Ihre Bordvorräte auffüllen.
Erkunden Sie die einzigartige norwegische Natur zur Abwechslung einmal zu Fuß: Zwischen den Schleusenanlagen von Ulefoss und Vrangfoss verläuft parallel zum Kanal ein etwa fünf Kilometer langer Kulturpfad, der mit zahlreichen Tafeln über die Landschaft und die dortigen Sehenswürdigkeiten informiert.
Auf Ihrem weiteren Weg in Richtung Westen passieren Sie die Schleuse »Vrangfoss«, die größte Schleuse des Telemarkkanals. Mit fünf Kammern überwindet sie eine Hubhöhe von 23 Metern. 300 Arbeiter benötigten fünf Jahre (1887–1892), um dieses Bauwerk zu vollenden. Ober- und unterhalb der Schleuse befinden sich zahlreiche Anlegemöglichkeiten, und die Schleusenanlage selbst ist von einem schönen Park umgeben.

»Ulefoss Hovedgaard«, eine Sommerresidenz am Ufer des Telemarkkanals, könnte
niemals ein Ersatz sein für Ihr schwimmendes Zuhause – oder doch?

Legen Sie eine kurze Pause ein und beobachten Sie die faszinierende Tätigkeit der Schleusenwärter, die die alten Holztore noch wie zu Großvaters Zeiten von Hand bedienen, einmal vom Land aus.

Lunde

Bis Kviteseid: 43 km,
3 Schleusen (»Lunde«,
»Kjeldal«, »Hogga«)

Oberhalb der Schleuse Lunde befindet sich der Gästehafen der Stadt mit allen nötigen Versorgungseinrichtungen. Das alte Speicherhaus »Lunde Slusekro« wurde zu einem Restaurant umgebaut, in dem Sie typisch norwegische Küche genießen können.
Noch heute ist die alte Fährstadt Lunde Knotenpunkt für den Kanalverkehr. Mittags treffen sich hier alle Fähren und Kanalbusse, um die Passagiere »auszutau-

25

schen«, und verwandeln das verschlafene Örtchen für kurze Zeit in einen lebhaften Treffpunkt. Legen Sie auf Ihrer Weiterfahrt bei der letzten Schleuse »Hogga« einen Stopp ein: 1992 wurde zum 100-jährigen Kanaljubiläum der alte Pfad restauriert, der schon seit Hunderten von Jahren am Fluss entlang führt. Sie wandern hier über die Kiesmassen von Stormoen, einer Gletscherablagerung aus der letzten Eiszeit.

Bis Kviteseid verläuft der Telemarkkanal nun durch zwei große Seen, den Flåvatn-See und den Kviteseidvatnet-See.

Kviteseid

Bis Dalen: 38 km
Am Ende der Bucht Sundskilen erreichen Sie die Kviteseid Marina, einen Gästehafen, der über zahlreiche Liegeplätzen und Versorgungseinrichtungen verfügt. Das Denkmal an der Hafeneinfahrt erinnert an die zahlreichen Auswanderer, die im 19. Jahrhundert von Kviteseid aus die alte Heimat verließen. Sie können jedoch auch für kurze Zeit an der Fjågesund Brygge oder im Kilen Ferisenter anlegen und von dort aus das Städtchen erkunden.

Leider wurde auch Kviteseid von mehreren Feuern heimgesucht, so dass nur noch wenige historische Gebäude (davon einige aus dem Mittelalter) zu besichtigen sind. Beeindruckend ist vor allem die alte Kirche von Kviteseid: Um 1150 errichtet, wurde sie dem heiligen Olav geweiht und beherbergt ein zwanzigteiliges Deckengemälde aus dem Jahr 1714. Kviteseid nennt auch ein großes Freilichtmuseum sein eigen: Zwölf Gebäude aus der Umgebung wurden im »Kviteseid Bygdetun« wieder aufgebaut, das schönste von ihnen ist wohl der alte Hof Flekstveitstoga, der einst der größte Gutshof der westlichen Telemark war. Etwas abseits liegt die Utsondhalle, in der die Werke des hiesigen Bildhauers Gunnar Utsond (1864–1950) ausgestellt sind.

Der Stadtteil Morgedal ist als die »Wiege des Skisports« bekannt geworden. Das Erlebniscenter »Norsk Skieventyr« zeigt die Geschichte des Skisports seit den Anfängen in der Zeit Sondre Nordheims (1825–1897). Das olympische Feuer für die Spiele in Oslo 1952, Squaw Valley 1960 und Lillehammer 1994 wurde in der Herdstelle von Sondre Nordheims Haus entzündet.

Kein Märchenschloss, sondern das Hotel »Dalen«.

Dalen

Am Ende des Telemarkkanals in der Hochebene Hardangervidda endet auch Ihre Reise, und zwar im kleinen Örtchen Dalen mit seinem großen Gästehafen.

In früheren Zeiten war Dalen Thingstätte, Exerzierplatz und Pferdemarkt. Nach der Eröffnung des Kanals konnte man von hier aus seine Reise mit Pferdekutschen bis ins Hochland von Haukelifjell fortsetzen. Verlängern auch Sie Ihren Urlaub um einige Tage und kehren Sie ein im Hotel Dalen. Erbaut 1894 im so genannten Drachenstil, erhielt es im Jahr 2000 den Preis »EUROPA NOSTRA'S« für vorbildliche Restaurierung. Lassen Sie sich zum Ende einer erlebnisreichen Reise verwöhnen in einem Märchenschloss, in dem auch gekrönte Häupter schon logierten.

27

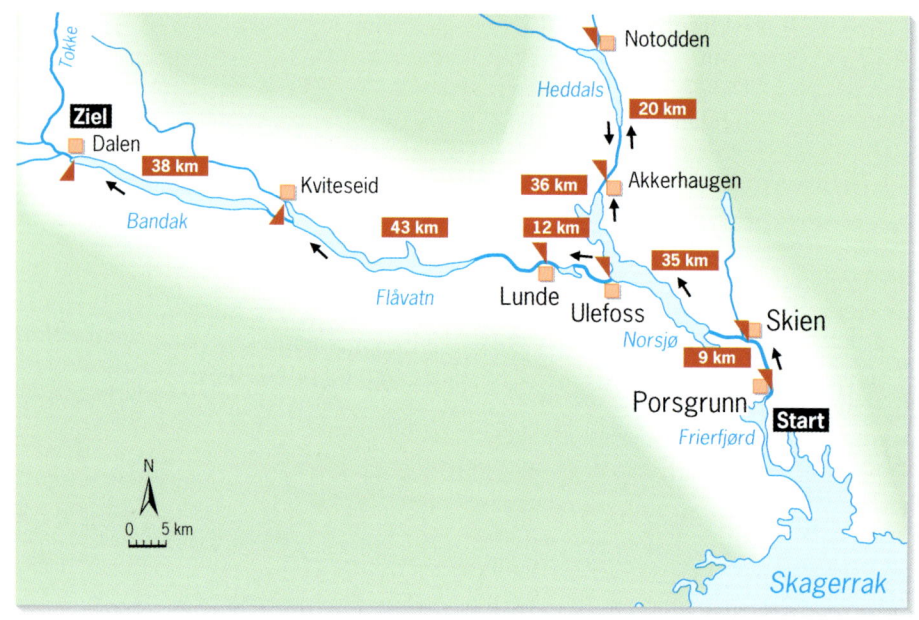

Adressen

Touristische Informationen:

Norwegisches Fremden-
verkehrsamt
Postfach 113317
20433 Hamburg
Tel.: 0180-5001548
Fax: 040-22941588
Website: www.visitnorway.com

Deutsche Botschaft in
Norwegen:
Oscarsgate 45
N – 0258 Oslo

Tel.: 0047-22-275400
Fax: 0047-22-447672

Dalen Tourist Information
N – 3850 Kviteseid
Tel.: 0047-35-045700
Website: www.tokke.kommu-
ne.no

Kviteseid Tourist Information
N – 3580 Kviteseid
Tel.: 0047-35-053170

Notodden Tourist Information
N – 3670 Notodden
Tel.: 0047-35-015000

Porsgrunn Tourist Information
N – 3900 Porsgrunn
Tel.: 0047-35-554327
Website: www.grenland.no

Telemark Reiser
N. Hjellegatan 18
Postboks 3133, Handelstorget
N – 3707 Skien
Tel.: 0047-35-900020
Fax: 0047-35-900021
E-Mail: info@telemarkreiser.no
Website:
www.visitTelemark.com
Website: www.telemarkskana-
len.com

Tourist Information
Grenland AS
Ndre Hjellegate 18
N – 3724 Skien
Tel.: 0047-35-905520
E-Mail: info@grenland.no
Website: www.grenland.no

Sehenswürdigkeiten:

Porsgrunn Schifffahrtsmuseum
Raschebakken 1
N – 3900 Porsgrunn
Tel.: 0047-35-555797
Fax: 0047-35-551375

Børsesjø Naturreservat
Nedre Hjellegt. 18
N – 3702 Skien
Tel.: 0047-35-905520
Fax: 0047-35-905530

Geburtshaus Henrik Ibsens
Nordre Venstøp
Venstøphøgda 74
N – 3702 Skien
Tel.: 0047-35-525749
Fax: 0047-35-520159

Bergwerk Glasergruva
N – 3702 Skien
Tel.: 0047-35-905520

Telemark Museum / Brekkepark
Øvregt. 41
N – 3702 Skien
Tel.: 0047-35-523594
Fax: 0047-35-520159

Lundestangen Brauerei-
Sammlung
Blekebakkveien 3
N – 3702 Skien
Tel.: 0047-35-522732

Stabkirche Heddal
Heddalsvn. 412
N – 3670 Notodden
Tel.: 0047-35-020400
Fax: 0047-35-020073

Provinzgalerie Telemark
O.H. Holtasgt. 27
N – 3670 Notodden
Tel.: 0047-35-010080

Øvre Verket Håndverkstun
Ulefoss
Führungen: Tel. 0047-35-
945779

29

Ulefoss Hovedgaard
Tel.: 0047-35-945610
Fax: 0047-35-945618

Freilichtmuseum Kviteseid
Bygdetun
Postbox 44
N – 3850 Kviteseid
Tel.: 0047-35-056370
Fax: 0047-35-056375

Norsk Skieventyr
Morgedal
N – 3850 Kviteseid
Tel.: 0047-35-054250
Fax: 0047-35-054245

Häfen:

Porsgrunn Østre Brygge
Tel.: 0047-35-554327

Porsgrunn Down Town
Tel.: 0047-35-554327

Skien Gjestebrygge /
Hjellebrygga
Tel.: 0047-35-905520

Skotfoss
Tel.: 0047-35-541518

Akkerhaugen, Norsjø Ferieland
Tel.: 0044-35-950902

Akkerhaugen Båthavn
Tel.: 0047-35-959857

Østre Akkerhaugen
Tel.: 0047-35-958700

Notodden Motorbåtforening
Tel.: 0047-97072937

Notodden Brygge
Tel.: 0047-35-015000

Ulefoss Gjestebrygge
Tel.: 0047-35-947778

Gvarv Båthavn
Tel.: 0047-35-950410

Vrangfoss Øvre / Nedre
Tel.: 0047-35-944010

Lunde Gjestebrygge
Tel.: 0047-94315767

Kjeldal Gjestebrygge
Tel.: 0047-94151941

Kviteseid Gjestebrygge
Tel.: 0047-35-068100

Fjågesund Brygge
Tel.: 0047-35-068100

Kilen Ferisenter
Tel.: 0047-35-056587

Dalen Gjestebrygge
Tel.: 0047-35-077532

Restaurants:

Dalen Hotel
N – 3880 Dalen
Tel.: 0047-35-077000
Fax: 0047-35-077011
E-Mail: dalenhaa@online.no
Website: www.dalenhotel.no

Lauritz Skjenstue
Storgt. 95
N – 3900 Porsgrunn
Tel.: 0047-35-554027

Michel Seylmagershus
Storgata 156
N – 3900 Porsgrunn
(Norwegische Küche, Alkohol-
ausschank)

Paletten
Skolegt. 1
N – 3900 Porsgrunn
Tel.: 0047-35-555580
(Norwegischc Küche, Alkohol-
ausschank)

Restaurant »Das Blaue Haus«
Storgata 174
N – 3900 Porsgrunn
Tel.: 0047-35-557600
(Norwegische Küche, Biergar-
ten, Alkoholausschank)

Brekkeparken Restaurant
Øvregt. 32
N – 3702 Skien
Tel.: 0047-35-523873

(Biergarten, Norwegische
Küche)

Henrik Ibsenhuset
N – 3702 Skien
Tel.: 0047-35-531390
(Norwegische Küche, Biergar-
ten, Alkoholausschank)
Kulcompagniet Bar & Grill

Langbrygga 5
N – 3702 Skien
Tel.: 0047-35-526170
(Biergarten, Alkoholausschank,
direkt am Gasthafen)

Madam Bloms
Kongensgt. 6
N – 3702 Skien
Tel.: 0047-35-905800
(Norwegische Küche)

Vrangfoss Sommer Kafe
Schleuse Vrangfoss
Tel.: 0047-35-945186
(Norwegische Küche, Alkohol-
ausschank)

FINNLAND: SAIMAA-SEEN (SÜD)

Schloss Olavinlinna, die finnische Trutzburg aus dem Jahr 1475.

ZWEI KULTUREN – EIN SEE: DIE SÜDLICHE SAIMAA-SEENPLATTE

Weiß leuchten am Ufer die Birkenstämme in der Sonne. Stille umgibt den Reisenden, die auf Tage von keinem anderen Menschen gestört wird. Doch die Buchten der unzähligen Inseln und Inselchen halten genügend Überraschungen bereit, so dass die Langeweile keine Chance hat: Seltene Wasservögel haben die verschwiegenen Winkel zum Brutplatz erkoren, Rehe grasen am Ufer, und wenn Sie sehr viel Glück haben, entdecken Sie die Schlupfwinkel der seltenen Saimaa-Ringelrobbe. Sollten Sie im letzten Ort vergessen haben, Ihre Vorräte aufzufüllen, nutzen Sie den Reichtum der Natur: Frischer Seefisch ergibt ein köstliches Mittagessen, und die Seeufer locken mit einer Fülle von Beeren und Pilzen, die sich vorzüglich als Beilage oder Nachtisch eignen.

Während der letzten Eiszeit war ein Großteil Finnlands von Gletschern bedeckt, die bei ihrem Rückzug tiefe, wassergefüllte Täler hinterließen – ein blaues Labyrinth aus Seen, Inseln, Buchten und Flüssen legt noch heute Zeugnis davon ab. Zahlreiche Nationalparks sorgen dafür, dass die Ursprünglichkeit der finnischen Landschaft erhalten bleibt.

Tour-Daten

Charakter: Der südliche Saimaa-See ist bestens für Hausboot-Anfänger geeignet. Ihr Bootsurlaub ist hier geprägt von nahezu unberührter, beeindruckender Natur. Und überall dort, wo Sie der Zivilisation begegnen, werden Sie Spuren russischer Einflüsse finden.

Wasserstraße: Saimaa-Seenplatte Süd

Strecke: Savonlinna–Lappeenranta

Dauer: 1 Woche

Anzahl der Schleusen: 0

Größter Tiefgang: 2,40 m

Größte Höhe: 12,00 m

Zum Glück konnten auch die jahrhundertelangen Gebietsstreitigkeiten der Natur nichts anhaben: Zunächst ein schwedisches Herzogtum, musste sich Finnland im 19. Jahrhundert mit Russland auseinandersetzen, das seine Machtsphäre nach Westen zu erweitern suchte. Nach dem Zusammenbruch des Zarenreiches wurde Finnland im Jahre 1919 zur westlichen Demokratie. Der Winterkrieg 1939–1940 und der Zweite Weltkrieg führten jedoch dazu, dass weite Teile Kareliens im Südosten Finnlands an die Sowjetunion abgetreten werden mussten.

Durch den westlichen Teil des Landstrichs Karelien führen die beiden finnischen Touren dieses

33

Bandes. Die im Folgenden beschriebene Tour führt Sie durch den Saimaa-See, dessen Ostufer nur einen Steinwurf von der russischen Grenze entfernt liegt. Im Süden ist der See durch einen Kanal mit dem russischen Teil des finnischen Meerbusens verbunden. Fragen Sie Ihren Bootsvermieter, ob er eine Einreise in das Nachbarland erlaubt; ansonsten werden von verschiedenen Veranstaltern in Lappeenranta Dampferfahrten in die russische Stadt Vyborg angeboten, für die Sie kein Visum benötigen. Ein Tagesausflug, den Sie nicht verpassen sollten! Sie können Ihre Reise auch ein wenig verlängern und ab Helsinki oder Turku mit bequemen Überlandbussen und Zügen der altehrwürdigen Stadt St. Petersburg einen Besuch abstatten.

Wenn Sie jedoch nicht so viel Zeit haben, erkunden Sie die Ufer des Saimaa-Sees: Überall in Karelien sind die Spuren Russlands zu finden – sei es in prachtvollen orthodoxen Kathedralen, in den zahlreichen Museen oder den Restaurants der Region.

Das Gebiet der Saimaa-Seenplatte besteht aus zahlreichen kleinen und größeren Seen, die durch kurze Flüsse und Kanäle miteinander verbunden sind.

Der südliche Teil, der eigentliche Saimaa-See, eignet sich besonders für Hausboot-Anfänger, da seine weite, offene Wasserfläche nicht von Wildwasserflüsschen oder Stromschnellen unterbrochen wird. Auf Kilometerangaben wurde bei der Beschreibung der Tour bewusst verzichtet – nehmen Sie sich so viel Zeit, wie Sie mögen, um die Schönheiten der urwüchsigen finnischen Natur und der prachtvollen Städte zu genießen.

Savonlinna

Im Herzen von Europas größtem Seengebiet liegt Savonlinna, eine Kleinstadt, die auf drei Inseln erbaut wurde. Der Hafen liegt etwa einen Kilometer vom Stadtzentrum entfernt, aber gute Versorgungsmöglichkeiten befinden sich auch in unmittelbarer Nähe zu Ihrem Liegeplatz. Beginnen Sie Ihre Entdeckungsreise durch die Stadt auf dem belebten und farbenfrohen Marktplatz und lassen Sie sich von der schon sprichwörtlichen Lebensfreude der Finnen anstecken. Das Stadtbild von Savonlinna wird beherrscht vom Schloss Olavinlinna, einer Festung, die im Jahr 1475 erbaut wurde und zu den am besten erhaltenen in

Farbenfrohe finnische Lebensfreude verzaubert Sie auf dem Markt von Savonlinna.

ganz Skandinavien zählt. Die Festung beherbergt gleich zwei Museen und ist im Sommer der Schauplatz des weltberühmten Savonlinna-Opern-Festivals. Ganz in der Nähe von Schloss Olavinlinna und direkt am Ufer des Saimaa-Sees liegt das Provinzmuseum der Region Savon-linna. Besondere Schmuck-stücke der Ausstellung sind die drei Museumsschiffe »Salama«, »Savonlinna« und »Mikko«. Nehmen Sie an einer Führung (auch in englisch und deutsch) teil und erfahren Sie mehr über das Leben an einem der größten Seengebiete Europas.

35

Die Festung »Olavinlinna« wirkt noch heute geradezu uneinnehmbar,
selbst auf den modernen Bootsreisenden.

Ein unbedingtes »Muss« in Savonlinna ist der Besuch des »Art
Centre Retretti«, eines Museums, das in unterirdischen
Höhlen seine Schätze zeigt. Und
diese Schätze sind in der Tat sehenswert: Russische und franzö-
sische Gemälde vom 16. Jahrhundert bis heute, eine Dauer-
leihgabe des Staatlichen Museums in St. Petersburg.
Von den unterirdischen zu den
überirdischen Schätzen: Im Bezirk Kerimäki befindet sich die

weltgrößte Holzkirche mit
einem Fassungsvermögen von
über 3000 Personen. Von wesentlich älteren Kulturen erzählen die Felszeichnungen im nahegelegenen Kolovesi National
Park: Sie werden auf ein Alter
von etwa 5000 Jahren geschätzt.
Ein Erlebnis der besonderen Art
ist auch der »Punkaharju
Ridge«, ein sieben Kilometer
langer Rest eines gewaltigen eis-
zeitlichen Gletschers. Nehmen
Sie sich die Zeit und lassen Sie

sich von einem Führer des Parks die besten Angelstellen und die geheimen Verstecke der Biber zeigen. Ebenfalls unter der fachkundigen Leitung eines Führers könnten Sie im Linnansaari National Park das Glück haben, einer seltenen Saimaa-Ringelrobbe zu begegnen. Obwohl diese Robben kaum natürliche Feinde haben, bleibt ihre Population seit Jahrzehnten konstant bei etwa 200 Tieren. Ein Leichtes für die wenigen Tiere, sich in den Weiten des Saimaa-Sees vor neugierigen Augen zu verstecken!

Puumala

Vor wenigen Jahren wurde Puumala zur schönsten Gemeinde der Saimaa-Seenplatte gewählt. Landschaftlich zauberhaft an einer See-Enge in Sichtweite von Hunderten von Inselchen gelegen, verdoppelt sich im Sommer die Bevölkerungszahl des quirligen Städtchens. Allerbeste Versorgungsmöglichkeiten finden Sie in der Innenstadt, die nur 10 Fußminuten vom Hafen entfernt liegt. Machen Sie im »Gibraltar von Saimaa« im Gasthafen fest und erklimmen Sie als erstes die Saimaabrücke, eine der längsten finnischen Landschaftsbrücken überhaupt. Im Aufzugturm in 37 Metern Höhe befindet sich ein Aussichtscafe mit einem atemberaubenden Blick über den See. Wenn Sie wissen möchten, wie in Finnland vor 100 Jahren die Landwirtschaft betrieben wurde, empfiehlt sich ein Besuch im Museumsgut Liehtalanniemi.

Aus dem Jahre 1832 stammt die Holzkirche von Puumala, eine der größten in Finnland mit 1200 Sitzplätzen. Der beeindruckende Glockenturm datiert aus dem Jahre 1806.

Wieder zurück im Hafen besichtigen Sie den Dampfer »S/S Wenno«, ein Teertransportschiff aus dem Jahr 1907, das heute als Ausflugsdampfer genutzt wird.

Anttola

Machen Sie Halt im vorzüglich ausgestatteten Hafen von Anttola, einem romantischen Städtchen inmitten eines großen Naturschutzgebietes. Auch Anttola besitzt eine sehenswerte Holzkirche, die ursprünglich 1729 in der Nachbarstadt Juva gebaut wurde und im Winter 1869/70 nach Anttola gebracht wurde. Eine besondere Spezialität Finnlands können Sie im Weingut Ollinmäki probieren und erwerben: International ausgezeichnete finnische Weine. Dem Gut angeschlossen sind ein Restaurant und ein Hotel im alten Speicher des Gutes.

Mikkeli

Mikkeli, die Hauptstadt von Ost-Finnland, eignet sich für den Bootsreisenden zunächst einmal gut für die Auffüllung der Bordsvorräte. Ob im Hafen oder der nahen Stadt – die Wege sind nicht weit.

Von den Gletschern der Eiszeit bis heute hat Mikkeli eine bewegte Geschichte erlebt. Zeugen hierfür sind in allen Bereichen zu finden: In den sakralen Bauten wie der Domkirche, die die Stadt überragt, der Kirche der Landgemeinde (der drittgrößten Holzkirche in Finnland) oder der Sakristei der Kirche von Savilahti aus dem Mittelalter, die heute ein Kirchenmuseum beherbergt.

In die kriegerische Vergangenheit Mikkelis, das in den Grenzstreitigkeiten und im Zweiten Weltkrieg aufgrund seiner geografischen Lage eine bedeutende Rolle spielte, können Sie eintauchen im Infanteriemuseum mit seinen festen und wechselnden Ausstellungen. Das Museum ist passend zu seinem Thema in den historischen Holzkasernen untergebracht. Interessant ist auch ein Besuch im nahegelegenen Nachrichtenzentrum (1940–1944) – vor allem für Jugendliche, die im Zeitalter von Handy und Internet aufwachsen. Einen umfassenden Überblick über die Region Mikkeli erhalten Sie im »Suur-Savon Museo«, dem Heimatmuseum der Stadt. Gut informiert können Sie nach dem Museumsbesuch die faszinierende finnische Natur im Umland Mikkelis erkunden: Das Naturzentrum »Urpola« verfügt über einen schönen Naturlehrpfad, außerdem ist hier auch eine eigene Ausstellung eingerichtet. Besonders sehens wert ist »Hiidenkirnu«, die viertgrößte Gletschermühle in Finnland.

Ristiina

Zwar liegt der Gästehafen ein wenig außerhalb des kleinen Städtchens, ist dafür aber um so idyllischer: Gleich neben der Uferterrasse einer romantischen Sommervilla aus dem Jahre 1897, die auch ein vorzügliches Restaurant beherbergt.

Die »Skyline« von Mikkeli, der Hauptstadt Ost-Finnlands.

Ristiina ist ein sehr ländlicher Ort, dessen Wahrzeichen die Kirche aus dem Jahr 1775 ist. Von hier aus führt der so genannte »Grafenweg« etwa zwei Kilometer ins Land hinein. Am Weg befinden sich 16 historisch bedeutende Stätten, so z.B. die Ruinen der Braheburg und eine Museumsanlage mit dem »Grännähaus« und Rauchstubenhäusern.

Von längst vergangenen Zeiten erzählen die 5000 Jahre alten Felszeichnungen von Astuvansalmi. Sie sehen hier die größte Anlage in ganz Skandinavien: Auf 15 Metern Länge sind ungefähr 60 Figuren fast vollständig erhalten.

Lappeenranta

Finnlands größter Binnenhafen liegt neun Kilometer von der Innenstadt entfernt – aber keine Sorge, gleich an den meterdicken Mauern der alten Festung befinden sich zahlreiche weitere Anlegemöglichkeiten. In und um die Festung herum konzen-

39

triert sich das bunte karelische Leben von Lappeenranta, das im Jahre 1649 aufgrund seiner Bedeutung als überregionaler Handelsplatz die Stadtrechte verliehen bekam. Die Festung selbst stammt aus dem 18. Jahrhundert und spiegelt mit ihren Museen die jahrhundertealte Geschichte der Stadt wieder: Im Südkarelischen Museum wurden Sammlungen aus Lappeenranta, Vyborg und Priozersk zusammengetragen. Einem Modell der einst finnischen Stadt Vyborg ist eine eigene Abteilung gewidmet. Am südlichen Ende der Festung finden Sie im ältesten Gebäude der Stadt (1772) das Kavalleriemuseum. Im 19. Jahrhundert ließ sich eine Kavalleriegarnison in Lappeenranta nieder, und bis heute können die berittenen Soldaten in ihren Uniformen aus den 1920er Jahren im Stadtbild bestaunt werden. Auch die älteste orthodoxe Kirche Finnlands, die Kirche der Jungfrau Maria, finden Sie inmitten der Festung.

Verlassen Sie die geschichtsträchtigen Mauern und lassen Sie sich von der intimen Atmosphäre des quirligen Marktplatzes in ihren Bann ziehen. Von Mai bis September findet hier täglich ein Markt statt, dessen buntes Treiben sich am besten von einem der zahlreichen Straßencafes aus beobachten lässt. Probieren Sie unbedingt die Spezialitäten der Stadt: »Atomi« und »Vety«, kleine süße Kuchen, die deutlich nach »Mehr« schmecken!

Apropos Meer: Nur 43 Kilometer sind es von Lappeenranta aus bis zum finnischen Meerbusen; eine Strecke, die Sie bequem auf dem Saimaa-Kanal zurücklegen können. Im Sommer 1995 wurde das Kanalmuseum bei der Schleuse »Mälkiä« eröffnet, das von der Geschichte des Kanals erzählt. Gleich hinter der dritten Kanalschleuse liegt die Grenze zu Russland und erinnert daran, dass Karelien ein geteilter Landstrich ist. Dass die Zusammenarbeit zwischen Ost und West schon in früheren Zeiten problemlos funktionierte, zeigt das Wolkoff Museum. Über vier Generationen, von 1870 bis 1983, lebte die russische Handelsfamilie in Lappeenranta und trug einiges zum Reichtum der Stadt bei.

Lassen Sie Ihren Tag in der Grenzstadt zwischen zwei Kulturen ausklingen mit dem Besuch eines der zahlreichen hervorragenden Restaurants, in denen auch heute noch nach traditionellen karelischen Rezepten gekocht wird.

Imatra

Die letzte große Station Ihrer Reise ist Imatra, das schon in der Steinzeit besiedelt war. Die ersten schriftlichen Zeugnisse datieren aus dem 16. Jahrhundert: Steuerabgaben für die Lachsfischerei im Fluss Vuoksi, der die Stadt durchfließt. Im Westen grenzt Imatra an den Saimaa-See; ganz in der Nähe des herrlichen Sandstrandes befindet sich auch der Gasthafen.

Der Tourismus in der Region begann mit einem Besuch von Katharina der Großen. Sie stattete im Jahr 1772 den Wasserfällen von Imatrankoski einen Besuch ab. Gleich neben den Wasserfällen wurde das Hotel »Imatran Valtionhotelli« gebaut – die zwei prachtvollen Holzhäuser fielen jedoch einem Feuer zum Opfer, und an ihrer Stelle entstand 1903 das »Grand Hotel Cascade« im Jugendstil.

Bis 1929 flossen die berühmten Wasserfälle ungehindert in den Saimaa-See. In diesem Jahr begann die »Imatra Power Plant« mit dem größten Kraftwerk Europas der damaligen Zeit die Elektrizitätsversorgung der Region. Seitdem sind die Wasserfälle nur noch zu täglich festgelegten Zeiten in ihrer enormen Wildheit zu bewundern.

Die Wasserfälle und das alte Elektrizitätswerk liegen inmitten des ältesten Parks Finnlands, des »Kruununpuisto Parks«. Die Statue des »Mädchens von Imatra« (»Imatran Impi«) erinnert an all jene Unglücklichen, die in den reißenden Wasserfällen Selbstmord begangen.

Im Zentrum der Stadt ist vor allem die Kirche der Drei Kreuze sehenswert: Fertiggestellt im Jahr 1957, besitzen lediglich zwei der insgesamt 103 Fenster die gleiche Form. Die Museen von Imatra stehen ganz im Zeichen der regionalen Kulturgeschichte: Ein karelischer Bauernhof aus dem 19. Jahrhundert wird noch heute so bewirtschaftet wie vor zwei Jahrhunderten, und im Museum der Industriearbeiter können Sie die Wohnsituation der karelischen Arbeiter vom Anfang des 20. Jahrhunderts an verfolgen. Das Grenzmuseum dokumentiert die Geschichte Imatras als Grenzstadt zu Russland, das nur einen Steinwurf weit entfernt liegt.

Beschließen Sie Ihre Reise auf beschauliche Art: Am Vuoksi-Fluss, der selbst im Winter nie ganz zufriert, wurden zahlreiche Angelplätze eingerichtet. Den benötigten Angelschein erhalten Sie z.B. im Postamt von Imatra.

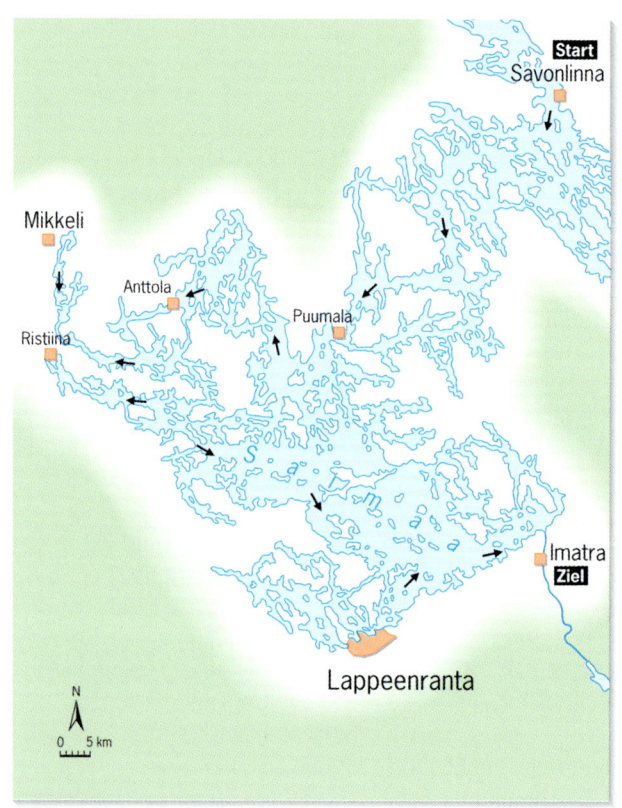

Adressen

Touristische Informationen:

Imatra Tourist Service
P.O. Box 99, Koskenparras 6
SF – 55101 Imatra
Tel.: 00358-5-6812500
Fax: 00358-5-4377727
Website: www.travel.imatra.fi
E-Mail: info@travel.imatra.fi
Lappeenranta Tourist Service

Market place, Kievarinkatu 1
SF – 53101 Lappeenranta
Tel.: 00358-5-667788
Fax: 00358-5-6677840
Website: www.lappeenranta.fi
E-Mail: matkailuoy@lappeen-
ranta.fi

Mikkeli District Tourist Service
Porrassalmenkatu 15
SF – 50100 Mikkeli
Tel.: 00358-15-1943900

Fax: 00358-15-1943913
Website: www.travel.fi/mikkeli
E-Mail: info@travel.mikkeli.fi

Puumala Tourist Information
Keskustie 5
SF – 52200 Puumala
Tel.: 00358-15-7757286
Fax: 00358-15-7757250
Website: www.puumala.fi
E-Mail:
puumalan.matkailu@puumala.fi

Tourist Info Itu
Brahentie 53
SF – 52300 Ristiina
Tel.: 00358-15-661750
Fax: 00358-15-661760
E-Mail:
ristiinan.ituoy@pp.inet.fi

Savonlinnan District Tourist
Service
Puistokatu 1
SF – 57100 Savonlinna
Tel.: 00358-15-517510
Fax: 00358-15-5175123
E-Mail: savonlinna@touristser-
vice-svl.fi

Sehenswürdigkeiten:

Holzkirche in Kerimäki
Tel.: 00358-15-5789111

Art Centre Retretti
SF – 58450 Punkaharju
Tel.: 00358-15-7752239

Fax: 00358-15-644314
E-Mail: retretti@retretti.fi

Schloss Olavinlinna
SF – 57150 Olavinlinna
Tel.: 00358-15-531164
Fax: 00358-15-510585

Kolovesi National Park
Tel.: 00358-15-517510

Punkaharju Ridge
Tel.: 00358-15-7341233
E-Mail: xenia@netti.fi

Linnansaari National Park
SF – 58901Rantansalmi
Tel.: 00358-205-645916

Holzkirche Puumala
Tel.: 00358-15-7753300

Anttola Holzkirche
SF – 52100 Anttola

Weingut Ollinmäki
Anttolantie 1640
SF – 52100 Anttola
Tel.: 00358-15-653620
Fax: 00358-15-653624
Website: www.ollinmaenviinti-
la.inet.fi
E-Mail: sirpa.villanen@ollin-
maenviinitila.inet.fi

Domkirche
Ristimäenpuisto
SF – 50100 Mikkeli

43

Tel.: 00358-15-20101

Hiidenkirnu Gletschermühle
Pursiala
SF – 50100 Mikkeli
Tel.: 00358-15-151444

Infanteriemuseum
Jääkärinkatu 6-8
SF – 50100 Mikkeli
Tel.: 00358-15-369666

Naturzentrum Urpola
Selännekatu 32
SF – 50100 Mikkeli
Tel.: 00358-15-1942264

Nachrichtenzentrum
Viestikeskus Lokku
Naisvuori
SF – 50100 Mikkeli
Tel.: 00358-15-1942429

Südkarelisches Museum
Kristiinankatu 15
SF – 53101 Lappeenranta
Tel.: 00358-5-6162255

Kavalleriemuseum
Kristiinankatu 2
SF – 53101 Lappeenranta

Wolkoff Museum
Kauppakatu 26
SF – 53100 Lappeenranta
Tel.: 00358-5-6162258

Saimaa Kanal Museum
Sulkuvartijankatu 16
SF – 53100 Lappeenranta

Kirche der Drei Kreuze
Ruokolahdentie 27
SF – 55800 Imatra
Tel.: 00358-5-4731236

Industriearbeiter-Museum
Ritikanranta
SF – 55120 Imatra
Tel.: 00358-5-6816712

Häfen:

Port of Savonlinna
Olavinkatu 27
SF – 57130 Savonlinna
Tel.: 00358-15-5714583
Fax: 00358-15-5714579

Port of Puumala
Keskustie 14, PL 20
SF – 52210 Puumala
Tel.: 00358-15-755700
Fax: 00358-15-7557211

Port of Anttola
SF – 52100 Anttola
Tel.: 00358-15-660442

Hafen Mikkeli
Laiturikatu
SF – 50100 Mikkeli
Tel.: 00358-15-1943900

Hafen Ristiina
am Sommerrestaurant Kallio-
niemi
Kallioniementie 106
SF – 52360 Sommenjärvi
Tel.: 00358-15-416265

Port of Mustola (Lappeenranta)
Kipparinkatu 1
SF – 53100 Lappeenranta
Tel.: 00358-5-6166073
Fax: 00358-5-6166075

Port of Imatra
Imatra Spa
Holiday Centre, Ukonniemi
SF – 55101 Imatra
Tel.: 00358-5-68251

Restaurants:

Rauhalinna Villa
Lehtiniemi
SF – 57310 Savonlinna
Tel.: 00358-15-517640

Sky-Bar
Saimaabrücke
Saimaan silta
SF – 52200 Puumala
Tel.: 00358-15-4681836

Naisvuori
SF – 50100 Mikkeli
Tel.: 00358-15-211225

Menuetti
Sointukatu 1

SF – 50100 Mikkeli
Tel.: 00358-15-211282
(Im Konzert- und Kongresshaus
Mikkeli)

Sommerrestaurant Kallioniemi
Kallioniementie 106
SF – 52360 Sommenjärvi
Tel.: 00358-15-416265
(Sommervilla aus dem Jahr
1897 mit Uferterrasse und Gä-
stehafen.)

Restaurant Wolkoff
Kauppakatu 26
SF – 53100 Lappeenranta
Tel.: 00358-5-4150320

Hotel-Restaurant Marjola
Mikonsaarentie 15
SF – 53100 Lappeenranta
Tel.: 00358-5-4524160

Linnasali
Torkkelinkatu 2
SF – 55100 Imatra
Tel.: 00358-5-68881

Hopealusikka
Lappeentie 18
SF – 55100 Imatra
Tel.: 00358-5-4761150

Karjalan Portti
Harmaakalliontie 1
SF – 55300 Rauha
Tel.: 00358-5-4328880
(Karelische Spezialitäten)

FINNLAND: SAIMAA-SEEN (NORD)

Die Saimaa-Seenplatte – ein romantisches Wasserlabyrinth.

IM LAND DER 1000 SEEN

Wie ein bunter Flickenteppich liegt das Saimaa-Seengebiet vor dem Reisenden: Tausende von blauen Seen, so weit das Auge reicht. Die Ufer sind dicht bestanden von dunkelgrünen Nadelwäldern, ab und zu unterbrochen von weiß leuchtenden Birken. Hunderte von Inseln, manche nicht größer als ein Felsbrocken, sprenkeln die Gewässer. Immer wieder verengen sich die Seen zu Flüsschen und Kanaldurchstichen, um sich nach kurzer Zeit wieder weit zu öffnen. Die Natur scheint nahezu unberührt, die wenigen Orte an den Ufern fügen sich überaus harmonisch in die ruhige Landschaft ein und bereichern sie mit ihrer Farbenpracht. Die bunten Holzhäuser in den Ortschaften wetteifern mit den noch bunteren hiesigen Trachten und laden Sie ein, die herzliche finnische Lebensart ein wenig näher kennen zu lernen.

Finnland ist bekannt als das »Land der tausend Seen« – in Wirklichkeit sind es jedoch 50 000 bis 70 000 Seen, je nachdem, ab welcher Größe man von einem See sprechen will. Das Saimaa-Seengebiet ist mit seinen insgesamt 74 000 Quadratkilometern nicht nur die größte zusammenhängende Seenplatte

Tour-Daten

Charakter: Die Strecke Varkaus–Iisalmi ist für Bootsanfänger gut geeignet und lässt sich hervorragend mit der zuvor beschriebenen Tour verbinden. Sie ist gekennzeichnet durch den Wechsel von langgestreckten, schmalen Seen mit engen, romantischen Durchfahrten, die Sie der einzigartigen Natur an den Ufern noch näher bringen.

Wasserstraße: Saimaa-Seenplatte Nord
Strecke: Varkaus–Iisalmi
Dauer: 1 Woche
Anzahl der Schleusen: 4
Größter Tiefgang: 2,40 m
Größte Höhe: 12,00 m

Finnlands, sondern ganz Europas. Diese Ausdehnung entspricht in etwa der Fläche der Beneluxstaaten. Allein die Wasserfläche dieses Gebietes beträgt 12 300 Quadratkilometer und ist mit 33 000 Inseln, Inselchen und Klippen übersät. 3300 Kilometer markierte Wasserwege durchziehen das Areal – der Reisende hat wahrlich die Qual der Wahl!

Die im Folgenden beschriebene Tour führt Sie von Varkaus nach Norden bis Iisalmi. Sie können aber auch die vorangegangene Tour mit dieser verbinden – zwischen Savonlinna und Varkaus sind etwa 70 Kilometer zurückzulegen.

47

Im Gegensatz zu der Tour quer über den offenen Saimaa-See ist diese gekennzeichnet durch den Wechsel von langgestreckten Seen mit romantischen Durchfahrten, die Sie der einzigartigen Natur an den Ufern noch näher bringen. Kenner bezeichnen diese Strecke als die reizvollste überhaupt in ganz Finnland.

Auch wenn viele meinen, der August sei die beste Reisezeit für nordische Länder – reisen Sie im Juni, denn dies ist der sonnenreichste Monat in Finnland. Sicherlich haben die Seen dann noch keine Badetemperatur, denn bis Mitte Mai sind sie oft noch von Eis bedeckt. Aber dafür halten sich auch die berüchtigten Mückenschwärme im Juni noch in Grenzen. Und sollten Sie dennoch einmal von Mückenschwärmen verfolgt werden: Die finnische Bevölkerung hat im Laufe der Jahre wirkungsvolle Gegenmittel ersonnen, die Sie in jedem Supermarkt erstehen können.

Der Kurs Varkaus–Iisalmi ist besonders für Bootsanfänger gut geeignet, denn auf der gesamten Strecke sind lediglich vier Schleusen zu überwinden, mit einer Hubhöhe von bis zu acht Metern. Sie erinnern an die gute alte Zeit, als Menschen und Güter noch übers Wasser bis hinunter zum Meer befördert wurden: Ihre Wände sind aus Steinquadern gemauert, die Tore sind aus Holz. Die Schleusen sind Tag und Nacht in Betrieb und werden mechanisch bedient. Einige von Ihnen sind Großschleusen für Holztransportschiffe – achten Sie darauf, dass Sie Ihr Boot entsprechend in der Schleusenkammer sichern!

Wie schon bei der vorangegangenen Tour haben wir hier auf Kilometerangaben verzichtet, denn wer würde sich schon bei dem faszinierenden Angebot von Natur und Kultur an vorgezeichnete Wege halten, statt einfach kreuz und quer über die Seen schippern?

Varkaus

Bis Leppävirta: 1 Schleuse (»Taipale«)
Am Ufer von Finnlands ältestem Kanal, dem Taipale-Kanal, liegt Varkaus, ein guter Ausgangspunkt für Ihre Reise. Die lebendige Stadt bietet nicht nur sehr gute Einkaufsmöglichkeiten, um Ihren Reiseproviant zu vervollständigen, sondern auch ein reichhaltiges Angebot an Kultur und Naturerlebnissen.

Beginnen Sie beispielsweise mit einer Besichtigung des histori-

Idyllische Eckchen, wie sie nur bei einer Reise zu Wasser zu entdecken sind.

schen Taipale-Kanals, der in den Jahren 1835–1871 gebaut wurde. Das neue Kanalbett, das im Jahr 1967 fertiggestellt wurde, wird überspannt von einer der größten Brücken in Finnland: 24,5 Meter lichte Höhe erstrecken sich imposant über die stolze Länge von 480 Metern. Gleich neben der Schleuse »Taipale« ist ein Kanalmuseum eingerichtet, das von der Geschichte des Taipale-Kanals erzählt. Im Obergeschoss finden wechselnde Ausstellungen statt.

Verschaffen Sie sich von der 45 Meter hoch gelegenen Aussichts- plattform des Wasserturms einen ersten Überblick über die Stadt. Varkaus' größter Stolz sind seine Museen, und das nicht ohne Grund. Beginnen Sie mit dem »Varkaus Museum«, das Ihnen einen umfassenden Überblick über das Leben am Kanal und die Geschichte der Industrialisierung der Stadt gibt. Wenn Sie zu diesem Thema mehr erfahren möchten, besuchen Sie vielleicht noch das »Industriearbeiter-Museum«. Hier sind die Wohnstätten der Arbeiter von den 1920er- bis zu den 1960er-Jahren ausgestellt und geben Zeugnis davon, in welch ärm-

49

lichen Verhältnissen die Industriearbeiter ihr Dasein fristen mussten.

Von den harten Arbeitsbedingungen zu den schönen Künsten ist es heute nur ein kurzer Spaziergang: Hinüber zum »Kunstmuseum Varkaus«, das internationale und finnische Künstler zeigt. Der museumseigene Shop verkauft Kunsthandwerk der Region – decken Sie sich schon hier mit den ersten Reisemitbringseln ein! Lustige und erstaunliche Ausstellungsstücke beherbergt das »Museum der mechanischen Musik«: Automatische Pianos, schluchzende Geigen und das größte Orchestrion der Welt. Zum Abschluss Ihres kulturellen Rundgangs durch Varkaus besuchen Sie die orthodoxe Kirche. Das recht nüchterne Äußere lässt nicht vermuten, dass sich in ihrem Inneren der mittelalterliche Altar des Valamo-Klosters befindet.

Falls Ihnen der Fisch im Supermarkt nicht frisch genug war, begeben Sie sich vor die Tore von Varkaus nach Ämmänkoski. In den Anfängen der Industrialisierung stand hier eine Mühle, später folgten ein Sägewerk und eine Eisenhütte. Heute ist der Wasserfall ein bekannter Platz, um Lachse und Forellen zu angeln.

Leppävirta

Bis Kuopio: 1 Schleuse (»Konnus«)

Der kleine Ort Leppävirta wurde schon im Jahr 1639 gegründet. Archäologische Funde belegen, dass bereits im 14. Jahrhundert Jäger in dem reizvollen Flecken am Wasser lebten. Wundern Sie sich nicht, dass ein solch kleines Städtchen gleich zwei Häfen besitzt: Einen im See und einen im Konnus-Kanal. Beide liegen nur knapp einen Kilometer vom Stadtzentrum entfernt, das also auf jeden Fall zu Fuß gut erreichbar ist.

Das Wahrzeichen von Leppävirta ist seine Kirche: Der Innenraum des 1846 fertiggestellten Gotteshauses hat enorme Ausmaße und bietet Platz für 2000 Personen. Nicht weit davon entfernt lohnt ein Besuch im Regionalmuseum. Liebevoll sind die Ausstellungsstücke zur ethnologischen und kulturellen Geschichte des Landstrichs präsentiert. Eine ganz besondere Sehenswürdigkeit ist die Schlucht von Orinoro: Von Gletschern gegraben, schneidet sie 100 Meter lang und knapp 20 Meter tief in die Landschaft. Eis und Schnee liegen hier oft bis weit in den Juni hinein. Die Wände der Schlucht sind von einer äußerst seltenen Flechtenart bewachsen und locken Botaniker von nah und fern an.

Kuopio

Kuopio ist eine der größten Städte auf dieser Tour. Dementsprechend groß ist auch der Hafen der Stadt mit seinen Liegeplätzen für Gästeboote. Sie finden hier alles, was ein Skipper benötigt; auch Einkaufsgelegenheiten sind vorhanden. Das Stadtzentrum ist etwa zwei Kilometer vom Hafen entfernt, so dass ein Großeinkauf in der City nicht unbedingt empfehlenswert ist. Beginnen Sie Ihren Rundgang durch die Stadt mit dem Besuch des »Puijo«-Turms, der 75 Meter hoch die Häuser überragt und einen phantastischen Ausblick bietet. Im Zentrum einer solch lebendigen Stadt darf natürlich ein Markplatz nicht fehlen. Genießen Sie in einem der zahlreichen Straßencafes die lokale Spezialität »Kalakukko«, eine exzellente Fischpastete. Die Zutaten hierfür können Sie jedoch auch in der Markthalle erstehen, einem faszinierenden Gebäude im Art-Nouveau-Stil aus dem Jahr 1902. Wenn Sie wissen möchten, wie die Menschen in früheren Zeiten in Kuo-

Die Flößerei gehört noch heute zu den wichtigsten Industriezweigen in Finnland.

pio gelebt haben, müssen Sie nur um die Ecke biegen: Die Straße »Pikku-Pietari« versetzt Sie mit ihren historischen Holzhäusern in eine andere Zeit. Detailreiche Hintergrundinformationen zur Vergangenheit der Stadt erhalten Sie im Museum »Alt-Kuopio« und dem »Kuopio-Museum«. Ersteres hat sich auf die Jahrhundertwende 19./20. Jahrhundert spezialisiert, und im Kuopio-Museum sind Zeugnisse der kulturellen und naturhistorischen Geschichte ausgestellt. Kuopio ist Sitz des Erzbischofs der orthodoxen Kirche Finnlands und somit auch Heimat

51

Nahezu unberührte Natur gilt es in Finnland zu entdecken.

des Kirchenmuseums. Eine der schönsten Ikonen-Sammlungen der westlichen Welt, Gold- und Silberarbeiten und kunstvolle liturgische Gewänder sind hier zu bewundern. Die Ausstellungsstücke stammen aus Klöstern Kareliens, das nach dem Zweiten Weltkrieg zu einem Großteil Russland zugesprochen wurde. Auch die prachtvoll ausgestattete St.-Nikolaos-Kathedrale aus dem 19. Jahrhundert im Zentrum der Stadt ist äußerst sehenswert.

Wenn Sie mehr dem Weltlichen zugetan sind, besuchen Sie »Alahovi«, ein (finnisches!) Weingut auf einer Insel im See. Verfolgen Sie bei einer Führung den Werdegang der vorzüglichen Beerenweine und bereichern Sie mit ihnen Ihre Bordküche!

Sollten Sie bei Ihrem Besuch zu tief ins Glas geschaut haben, entspannen Sie sich zum Abschluss Ihres Besuchs von Kuopio bei einer nostalgischen Kutschfahrt durch die Altstadt.

Maaninka

Bis Lapinlahti: 1 Schleuse (»Ahkiolahti«)

Machen Sie fest am Anleger des kleinen Städtchens Maaninka und besuchen Sie gleich mehrere außergewöhnliche Sehenswürdigkeiten: Das Mühlenmuseum zeigt, wie noch vor gar nicht so langer Zeit die Wasserkraft des Kanals genutzt wurde, der heute fast nur noch der Sportbootschifffahrt dient. Nicht weit entfernt stürzen die Korkeakoski-Wasserfälle in die Tiefe. Sollten Sie sich für die Ornithologie interessieren, lassen Sie sich die verschwiegenen Plätze von Lapinjärvi und Patalahti zeigen, in denen seltene Vögel ihren Nistplatz gefunden haben.

Lapinlahti

Bis Iisalmi: 1 Schleuse (»Nerkoo«)
Ein weiteres kleines Örtchen, das Sie nicht achtlos am Ufer liegen lassen sollten, ist Lapinlahti. Das Städtchen beherbergt ein beachtliches Museum für regionale Kunst mit dem Schwerpunkt Skulpturen. Ein weiteres Museum hat die Geschichte des geteilten Kareliens zum Thema.

Iisalmi

Am nördlichen Ende der Saimaa-Seenplatte liegt die 1891 gegründete Stadt Iisalmi. Gehen Sie im Gästehafen vor Anker und erkunden Sie ein letztes Mal die unvergleichliche finnische Natur, die regionalen Traditionen und die karelische Gastfreundschaft.

Das im byzantinischen Stil erbaute karelische orthodoxe Kulturzentrum »Evakkokeskus« erhebt sich mit seiner Kuppel majestätisch über die Stadt. Gleich nebenan erwartet die »Prophet-Elias-Kirche« Ihren Besuch: 1955 wurden die Fresken im slawischen Stil des 12.–14. Jahrhunderts fertiggestellt. Sie bedecken insgesamt 450 Quadratmeter und sind einzigartig in ganz Europa. Eine typisch skandinavische Kirche ist hingegen die »Alte Kirche von Iisalmi«, die im Jahr 1770 erbaut wurde.

Neben den Museen zur Kultur und Natur der Region sollten Sie unbedingt zwei Ausstellungen besuchen, die in ganz Finnland ihresgleichen suchen: Dem berühmten finnischen Autor Juhani Ahon ist ein eigenes Museum gewidmet, und im Museum der Brauerei Olvi können Sie den Vorgang des Bierbrauens und die Geschichte des Biers in Finnland vom 18. Jahrhundert bis heute verfolgen.

Beenden Sie Ihren Aufenthalt in Finnland mit einem letzten Spaziergang am See und dem Genuss regionaler Spezialitäten im »Kuappi«, dem – wie es sich selbst nennt – kleinsten Restaurant der Welt.

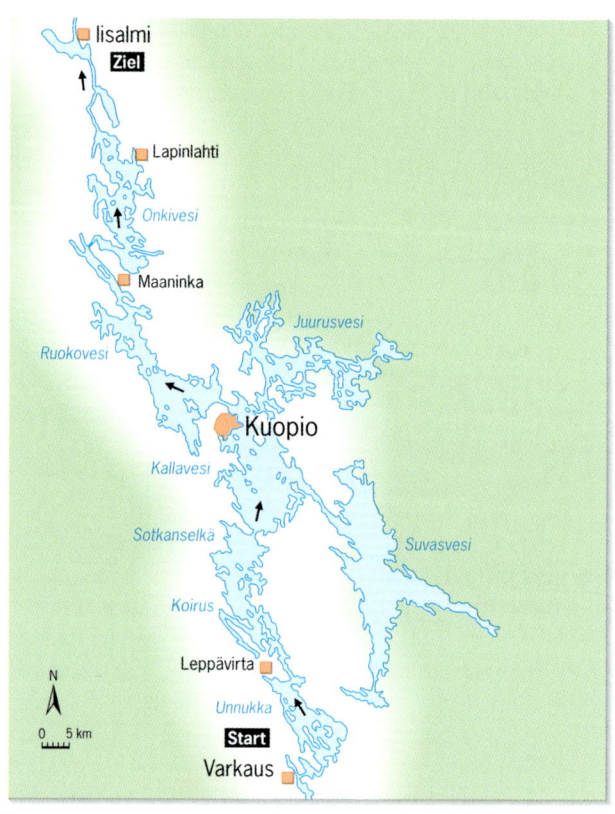

Adressen

Touristische Informationen:

Iisalmi District Tourist Service
Kauppakatu 22
SF – 74100 Iisalmi
Tel.: 00358-17-8303391
Fax: 00358-17-826760
Website: www.iisalmi.fi
E-Mail: ysmry.tourism@iisal-mi.fi

Kuopio Tourist Service Ltd. /
Kuopio-Info
Haapaniemenkatu 17
SF – 70110 Kuopio
Tel.: 00358-17-182584
Fax: 00358-17-2613538
Website: www.kuopioinfo.fi
E-Mail: tourism@kuopio.fi

Gemeindeverwaltung Lapinlahti
Asematie 4
SF – 73100 Lapinlahti

Tel.: 00358-17-768011
Fax: 00358-17-7680370
Website: www.lapinlahti.fi

Gemeindeverwaltung
Leppävirta
Savonkatu 34, PL 4
SF – 79101 Leppävirta
Tel.: 00358-17-570911
Fax: 00358-17-5709393
Website: www.leppavirta.fi
E-Mail: kunta@leppavirta.fi

Gemeindeverwaltung Maaninka
Maaningantie 32
SF – 71750 Maaninka
Tel.: 00358-17-488111
Fax: 00358-17-3811055
Website: www.maaninka.fi

Varkaus Tourist & Congress
Service
Kauppatori 6
SF – 78250 Varkaus
Tel.: 00358-17-5794944
Fax: 00358-17-5794949
Website: www.varkaus.fi
E-Mail:
matkailupalvelu@vrk.varkaus.fi

Sehenswürdigkeiten:

Museum der mechanischen
Musik
Pelimannikatu 8
SF – 78850 Varkaus
Tel.: 00358-17-5580643
Fax: 00358-17-5566566

Varkaus Museum
Wredenkatu 5A
SF – 78250 Varkaus
Tel.: 00358-17-5794440
Fax: 00358-17-5794441

Kanalmuseum
Taipale
SF – 78250 Varkaus
Tel.: 00358-17-4794637

Industriearbeiter-Museum
Savontie 7
SF – 78300 Varkaus
Tel.: 00358-17-5794664

Kunstmuseum Varkaus
Ahlströminkatu 17
SF – 78250 Varkaus
Tel.: 00358-17-5794538

Orthodoxe Kirche
Taipaleentie 26
SF – 78200 Varkaus
Tel.: 003589-17-5523163

Wasserturm/Aussichtsplattform
Nakskovinkatu 8
SF – 78200 Varkaus
Tel.: 00358-17-3708095

Kirche von Leppävirta
Tel.: 00358-17-5555700

Regionalmuseum Leppävirta
Tel.: 00358-17-5709210

Schlucht von Orinoro

55

SF – 79100 Leppävirta
Tel.: 00358-17-5542970

Puijo-Turm
Tel.: 00358-17-2555100

Kutschfahrten durch die
Altstadt von Kuopio
Tel.: 00358-40-5405221

Kuopio Museum
Kauppakatu 23
SF – 70110 Kuopio
Tel.: 00358-17-182603

Museum »Alt-Kuopio«
Kirkkokatu 22
SF – 70110 Kuopio
Tel.: 00358-17-182625

Museum der Orthodoxen
Kirche Finnlands
Karjalanakatu 1
SF – 70110 Kuopio
Tel.: 00358-17-2872244

Weingut »Alahovi«
Vaajasalo Insel
Tel.: 00358-17-3621129

Korkeakoski-Wasserfälle
SF – 71750 Maaninka
Tel.: 00358-17-3824105

Mühlenmuseum »Wanha
Vesimylly«
SF – 71750 Maaninka
Tel.: 00358-17-3825153

Lapinlahti Kunstmuseum
Suistamontie
SF – 73100 Lapinlahti
Tel.: 00358-17-732288

Karelien-Museum
Nahkurintie 52
SF – 73100 Lapinlahti
Tel.: 00358-17-734366

Karelisches orthodoxes Kultur-
zentrum »Evakkokeskus«
Kyllikinkatu 8
SF – 74100 Iisalmi
Tel.: 00358-17-816441

Juhani Ahon Museum
Ouluntie 37
SF – 74120 Iisalmi
Tel.: 00358-17-817771

Lokalhistorisches Museum
Kivirannantie 5
SF – 74100 Iisalmi
Tel.: 00358-17-825865

Museum der Natur
Kirkkopuistonkatu 9
SF – 74100 Iisalmi
Tel.: 00358-17-818387

Brauerei Museum Olvi
Tehtaantie 1
SF – 74100 Iisalmi
Tel.: 00358-17-8385232

Orthodoxe Kirche Iisalmi
Kyllikinkatu 8

SF – 74100 Iisalmi
Tel.: 00358-816441

Alte Kirche Iisalmi
SF – 74120 Iisalmi
Tel.: 00358-17-817975

Häfen:

Taipale Gästehafen
SF – 78250 Varkaus
Tel.: 00358-17-5522211

Leppävirta – Hafen im See
Tel.: 00358-17-5540395

Leppävirta – Hafen im Konnus-
Kanal
Tel.: 00358-17-5542960

Hafen von Kuopio
SF – 70100 Kuopio
Tel.: 00358-17-185191

Iisalmi Gasthafen
SF – 74100 Iisalmi
Tel.: 00358-17-8303391

Restaurants:

Zeppelin
Pelimanninkatu 8
SF – 78850 Varkaus
Tel.: 00358-17-5580644

Amanda
Forum Pimankatu 4
SF – 78200 Varkaus

Tel.: 00358-17-3669007

Kaidanpään Matkailukahvila
Olli Miettinen
SF – 79100 Leppävirta
Tel.: 00358-17-5541169
(Liebevoll restauriertes
Blockhaus)

Freeport Sampo
Kauppakatu 13
SF – 70110 Kuopio
Tel.: 00358-17-5810458

Jätkänkämppä
Katiskaniementie 8
SF – 70110 Kuopio
Tel.: 00358-17-473473
(Blockhaus aus dem Jahr 1950)

Kolme Tavia
SF – 71750 Maaninka
Tel.: 00358-17-3811198

Portaanpää
Portaanpääntie 63
SF – 73100 Lapinlahti
Tel.: 00358-17-768860
(Traditionelle finnische Küche)

Kuappi
Satama
SF – 74100 Iisalmi
Tel.: 00358-17-8381430
(»Kleinstes Restaurant der
Welt«, geöffnet nur nach Voran-
meldung)

57

SCHWEDEN: BERGSLAGSKANAL

Auf Schritt und Tritt begegnen Sie den farbenfrohen skandinavischen Traditionen – sogar am Kanalufer.

ÜBER ALLEN WIPFELN IST RUH'

Wer Ruhe und Abgeschiedenheit sucht, ist in Ost-Värmland am Ziel angekommen: Dichte Mischwälder umgeben den Kanal, und eine tiefe Stille liegt über den Seen. Hoch oben am Himmel kreist ein Fischadler, kleine Wasservögel bringen sich rasch im Ufergebüsch in Sicherheit. Nur ein Biber schiebt seelenruhig weiter seine gesammelten Äste durch das glasklare Wasser. In den Städtchen am Ufer scheint die Zeit stehen geblieben zu sein: Alte Traditionen sind heute noch so lebendig wie vor 100 Jahren.

Der Bergslagskanal diente ursprünglich dem Transport des hiesigen Eisenerzes in den Süden und der daraus hergestellten Stahlwaren wieder zurück in den Norden Värmlands. Bereits im 17. Jahrhundert gab es Pläne für einen Kanalbau, denn die wenigen fahrbaren Landwege waren schmal, kurvenreich und hügelig. Einfacher war der Transport über die zahlreichen Seen und natürlichen Wasserwege, doch auch hier musste das Eisen ständig wieder umgeladen werden: Vom Pferdewagen auf ein Boot und – am Ende des Sees – wieder zurück auf den Wagen. Die Reise von Filipstad nach Karlskoga oder Kristine-

Tour-Daten

Charakter: Diese Tour ist sehr gut auch für Bootsanfänger geeignet und führt durch eine der ruhigsten Gegenden des Landes. Zahlreiche Seen verlocken immer wieder zu Abstechern: Hier finden Sie wirklich Ruhe und Erholung, können Sie die nahezu unberührte Natur auf eigene Faust entdecken – und genießen.

Wasserstraße: Bergslagskanal

Strecke: Karlskoga–Filipstad

Dauer: 1 Woche

Länge: 64 km

Anzahl der Schleusen: 6

Größter Tiefgang: 1,20 m

Größte Höhe: 2,10 m

hamn dauerte damals mehrere Monate, manchen Quellen behaupten sogar, über ein Jahr.

Oberleutnant J. Edström arbeitete 1833 einen Vorschlag für einen Kanal aus, der die zahlreichen Seen und Flussläufe Ost-Värmlands miteinander vernetzte und eine durchgehende Verbindung zwischen Filipstad und Karlskoga schuf. Es sollten allerdings noch weitere 17 Jahre vergehen, bis die Arbeiten endlich begonnen wurden.

1857, mit Abschluss der Bauarbeiten an den Schleusen Asphyttan und Bjurbäcken, konnte der Kanal eingeweiht werden. Die ursprünglich veranschlagten

59

Baukosten in Höhe von 130 000 Reichstalern hatten sich auf insgesamt 308 000 Reichstaler erhöht. Doch die Investition hatte sich gelohnt: Bereits fünf Jahre nach der Eröffnung befuhren etwa 500 Dampfschiffe und 1000 Kähne den Kanal. In den Jahren 1865–1875 erlebte der Bergslagskanal seine Blütezeit: 1300 Dampfschiffe und 3200 Kähne durchfuhren ihn durchschnittlich pro Jahr.

Mit der Einführung der Eisenbahn (1874) versank der Kanal jedoch – wie fast alle anderen im Land – in Bedeutungslosigkeit. Bereits im Jahr 1886 wurde kein Einkommen aus dem Kanalverkehr mehr verzeichnet. Trotz Sperrung im Jahr 1936 bestimmte die schwedische Weg- und Wasserbauverwaltung, den Kanal als Kulturdenkmal zu erhalten. Der 1939 gegründete Verein »Filipstads Bergslags Kanalen« organisierte umfassende Restaurierungsarbeiten, und seit 1947 ist der Bergslagskanal wieder befahrbar. Zwischenzeitlich wurden auch die Schleusenanlagen saniert – aus Kostengründen wurden jedoch bei Bjurbäcken und Asphyttan die ursprünglichen Holz- durch Stahltore ersetzt.

Der Bergslagskanal ist der einzige schwedische Kanal, der nicht von einem größeren Gewässer aus zu erreichen ist. Sechs Schleusen überwinden den Höhenunterschied von 16 Metern. Drei von ihnen bilden die Bjurbäcks-Schleuse mit je 3,6 Metern Niveauunterschied. Die Källsfallet-Schleuse im Bjurbäckenskanal steht in der Regel offen. Die Schleusenzeiten für alle Schleusen des Bergslagskanals sind wie folgt:

Bjurbäcken
täglich 10:00 Uhr u. 15:00 Uhr (1. Juni – 1. September;
Mai + September:
Durchschleusung 3 Tage vorher bestellen)
Asphyttan
täglich 12:00 Uhr u. 17:00 Uhr (1. Juni – 1. September;
Mai + September:
Durchschleusung 3 Tage vorher bestellen)
Källsfallet
ständig geöffnet (ganzjährig)
Knappfors
stündlich (Mai – September)

Es empfiehlt sich aber dennoch, die Schleusenzeiten vorab aktuell zu erfragen (Telefon s. unter »Häfen«).
Die im Folgenden beschriebene Tour führt Sie durch eine der ruhigsten Gegenden Schwedens – Erholung pur! Wie Sie feststel-

len werden, haben wir auch hier auf die Angabe von Kilometern verzichtet, denn die zahlreichen größeren und kleineren Seen laden immer wieder zu spontanen Abstechern ein. So erklärt es sich auch, dass wir für die relativ kurze Strecke von 64 Kilometern eine ganze Woche als Reisezeit veranschlagt haben. Die befahrbaren Wasserstraßen sind bestens ausgeschildert, so dass diese Tour auch für Bootsanfänger keinerlei Probleme darstellt.

Karlskoga

Bis Sjöändan: 1 Schleuse (»Knappfors«)
Der Gasthafen von Karlskoga könnte nicht idealer liegen: Am nördlichen Ende der Stadt, beste Einkaufsmöglichkeiten in Laufweite und die schönsten Sehenswürdigkeiten und Naturerlebnisse gleich vor der Tür. Achten Sie darauf, dass Ihre Bordküche gut gefüllt ist, wenn Sie wieder ablegen, denn Ihre Reise führt Sie zum größten Teil durch unberührte Natur, fernab von jedem Supermarkt.
Der Grundstein für den Reichtum der Stadt, die Eisen- und Stahlindustrie, wurde bereits im 16./17. Jahrhundert von König Karl IX. gelegt. Nach ihm ist auch die Stadt benannt – »Karlskoga« bedeutet so viel wie »Karls Wälder«.
Beginnen Sie Ihren Rundgang in der geschichtsträchtigen Stadt gleich vor der »Haustür« des Hafens: Das »Nobelmuseum«, das dem Leben und Wirken von Alfred Nobel gewidmet ist, ist einzigartig auf der Welt. In »Björkborn Manor«, seinem ehemaligen Wohnhaus, können Sie sehen, wie der Erfinder lebte und arbeitete. Gleich nebenan befindet sich das »Bofors Industrie Museum«, das von den letzten 350 Jahren Industriegeschichte der Region erzählt.
Anschließend machen Sie sich auf den Weg in die Altstadt von Karlskoga, die weithin sichtbar von der Stadtkirche aus dem Jahr 1586 überragt wird. Im Inneren ist die Kirche mit prachtvollen Gemälden, Leuchtern und Malereien aus dem 16. und 17. Jahrhundert ausgestattet. Die Kirchenuhr aus dem 18. Jahrhundert war ein Geschenk einer adligen Gutsbesitzerin, die mit Hilfe der Uhr kontrollieren wollte, ob der Pastor auch lange genug predigte.
Vor den Toren von Karlskoga, inmitten einer unbeschreiblich grünen Natur, können Sie sich noch einmal in die Industriegeschichte von Värmland vertie-

Dichte Wälder begleiten Ihre Reise über den Bergslagskanal.

fen: Das Minenmuseum »Gråbo« und die historische Eisenhütte »Granbergsdals Hytta« bieten sehr informative Führungen an. In Granbergsdal beginnt auch ein Naturlehrpfad, der Sie gleich am Anfang Ihrer Reise mit der schwedischen Natur und ihren tierischen Bewohnern vertraut macht.

Der Fluss Timsälven führt Sie mitten durch fruchtbares Bauernland fort von Karlskoga und hinein in den ersten See im Kanalsystem, den »Lonnen«. Am Ende des Sees passieren Sie die Schleuse »Knappfors«. Machen Sie hier Halt und genießen Sie den kleinen Badestrand von Lunedet. Ganz in der Nähe befindet sich eine 700-jährige Eiche,

unter der dunkle schwedische Königsgeschichte geschrieben wurde: Hier trafen sich die Brüder Eriks XIV., um seinen Gifttod zu planen.

Hinter der Schleuse laufen Sie ein in den ersten größeren See, den Alkvettern. Natur pur auch auf Ihrer Weiterfahrt durch die Flüsse und Seen Käxsund, Frövettern, Smedstorpssund, Ullvettern, Nässund und den Norbäcks-Kanal, bis Sie das Städtchen Sjöändan im Bergsjön-See erreichen. Zahlreiche kleine Buchten laden zum Verweilen ein, versteckte Sandstrände verleiten zum Sprung ins erfrischende Nass. Auch wenn Sie kein ausgesprochener Petrijünger sind, sollten Sie hier Ihr Angelglück versuchen: Barsch, Hecht und Zander tummeln sich in großer Zahl im glasklaren Wasser.

Suchen Sie sich einen Liegeplatz im Gasthafen von Sjöändan und machen Sie einen Spaziergang über den Börningsberg. Hier befinden sich zwei staatliche Naturreservate mit uraltem Baumbestand.

Auf dem Rückweg gen Norden zum Hyttsjön-See passieren Sie einige malerische Dörfer. Nachdem Sie das Städtchen Nässundet am rechten Ufer passiert haben, halten Sie sich am Ende des Hyttsjön-Sees links und fahren ein in den Matlången-See. Bei Lundsberg endet die für Hausboote schiffbare Strecke an einem idyllischen Anleger.

Zurück im Hyttsjön befahren Sie nun den rechten Ausläufer des Sees und gelangen durch den Gransund, den Öjevettern und den Fluss Storforsälven nach Storfors.

Storfors

Bis Filipstad: 5 Schleusen (»Bjurbäcken« (3), »Källsfallet«, »Asphyttan«)

Auch wenn Storfors eine der größten Städte auf dieser Reise ist – erwarten Sie keinen groß-

städtischen Trubel oder touristische Animationen. In all den Jahrhunderten ist Storfors sich als Kleinstadt inmitten eines reichen Bergbaugebietes treu geblieben. Streifen Sie durch die verwinkelten Gässchen und besichtigen Sie ein wirklich bemerkenswertes Museum: Die alte Feuerwache von Storfors. Im Jahre 1897 errichtet, wurde das denkmalgeschützte Gebäude bis 1973 als Feuerwache genutzt. Heute ist hier das Feuerwehrmuseum der Provinz Värmland untergebracht.

Von Storfors aus könnten Sie schleusenfrei über die Seen Mogsjön, Östersjön und Daglösen den Zielpunkt der Reise, Filipstad, erreichen. Fahren Sie jedoch wieder zurück in den Öjevettern und von dort weiter nordwärts in den See Stor-Lungen. Unvergessliche Naturerlebnisse erwarten Sie, Fischadler und Seetaucher, Elche und Biber können Sie hier beobachten.

Kurz danach erwartet Sie einer der unbestreitbaren Höhepunkte der Reise: Die Schleuse »Bjurbäcken«. In drei Schleusenbecken mit je 3,6 Metern Hubhöhe werden die Boote durch den Bjurbäckenskanal geschleust. Leider wurden die ursprünglich hölzernen Schleusentore bei der Sanierung durch Stahltore ersetzt, aber das Schleusenwärterhäuschen wurde liebevoll restauriert und unter Denkmalschutz gestellt. Im Sommer wird hier ein Café betrieben.

Der Bjurbäckenskanal führt Sie durch die stets geöffnete Schleuse »Källsfallet« in den See Aspen, an dessen nördlichem Ende sich die zweitgrößte Schleuse des Kanalsystems befindet, die »Asphyttan«-Schleuse. Über den Asphytteälven und den Daglösen-See nähern Sie sich Filipstad, dem Endpunkt dieser Reise.

Falls Sie jedoch noch ein wenig Zeit haben, halten Sie sich nach der Einfahrt in den Daglösen-See rechts und fahren Richtung Süden, durch den Prästbäckenkanal in den Östersjön-See, und besuchen Sie das Städtchen Nykroppa. Gasthäfen finden Sie sowohl im Kanal selbst als auch gleich neben der Innenstadt von Nykroppa. Das Stadtbild der alten Bergbausiedlung wird bestimmt von der »Kroppa kyrka«, einer Kirche, die im Jahr 1624 erbaut wurde. Das Gemeindezentrum des Stadtteils Brevik (etwa zwölf Kilometer in Richtung Kristinehamn) ist einen Ausflug wert: Ein strohgedeckter Doppelgutshof aus dem Jahr 1800 mit einer historischen Schmiede beherbergt ein kleines Regionalmuseum. In der Silbermine »Hornkullen« wurde bis 1847 das Edelmetall abgebaut, und ab und an werden auch heute noch kleine Silberfunde hier gemacht. Nehmen Sie an einer Führung durch das weitläufige Gelände teil und versuchen Sie Ihr Glück!

Kehren Sie schließlich um und folgen Sie dem Daglösen-See in nördlicher Richtung bis zum Gasthafen von Filipstad, der gleich inmitten der Altstadt liegt.

Filipstad

Seit dem 14. Jahrhundert als Handelsplatz und Bergbauort bekannt, erhielt Filipstad im Jahr 1611 die Stadtrechte und wurde nach Prinz Karl Filip, dem Sohn von König Karl IX., benannt. Die Geburtsstadt des Dichters Nils Ferlin und auch des Erfinders John Ericsson ist Sitz der einzigen Schule Schwedens für Bergbauwissenschaften.

Beginnen Sie mit der Erkundung von Filipstad beim »Museet Kvarnen«, das mit festen und wechselnden Ausstellungen die Geschichte der Stadt erzählt. Dem Sommer vorbehalten ist eine Ausstellung über den Dichter Nils Ferlin. Sollten Sie diese Ausstellung verpassen, besuchen Sie doch einfach eines der beliebtesten Fotomotive Schwedens: Die Statue des Dichters im Zentrum von Filipstad. Ebenfalls nur im Sommer zugänglich ist die Kirche von Filipstad aus dem 18. Jahrhundert. Bemerkenswert ist hier vor allem die Orgel aus dem Jahr 1796, die originalgetreu restauriert wurde. Nicht weit entfernt finden Sie das Mausoleum des Erfinders John Ericsson, der hier 1895, sechs Jahre nach seinem Tod, zur letzten Ruhe gebettet wurde. Er erfand nicht nur den Flugzeugpropeller, sondern entwickelte auch das Kriegsschiff »Monitor«, das den Bürgerkrieg der 1860er-Jahre gewinnen half. Verlassen Sie für eine Weile Filipstad, um die Sehenswürdigkeiten in der Umgebung zu erkunden: In Nordmarkshyttan, etwa 15 Kilometer nördlich von Filipstad, befindet sich das »Nordmark Bergbau Museum«. Ganz in der Nähe befindet sich die Grube »Långbans«, die auf der Welt einzigartig ist: Über 300 verschiedene Mineralien kommen hier vor. Der Abbau wurde im 16. Jahrhundert begonnen und erst im Jahr 1972 eingestellt. Führungen finden auch in deutscher Sprache statt.

Eine typisch schwedische Köstlichkeit: »Spettekaka«, der traditionelle Osterkuchen.

Ein weiterer Ausflug führt Sie in die Gemeinde Brattfors, zirka zehn Kilometer westlich von Filipstad. Brattfors liegt inmitten eines Naturreservats, das die Spuren der letzten Eiszeit zeigt. Ein altes Landhaus aus dem Jahr 1664 beherbergt das Heimatmuseum, das vom Leben der Bergarbeiter bis 1920 erzählt. Mehr Informationen hierzu erhalten Sie in der restaurierten Eisenhütte, die gleich an der Hauptstraße liegt. Vom ehemaligen Reichtum der Gegend kündet auch die Kirche des Ortes, die 1669 fertiggestellt wurde und deren Kirchenfenster zu den schönsten des Bezirks zählen.

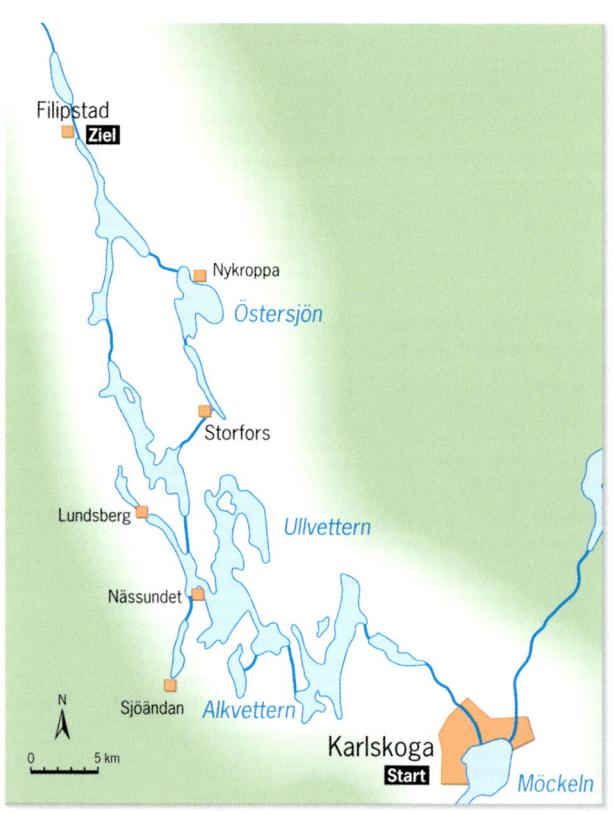

Adressen

Touristische Informationen:

Landesamt für Tourismus
Värmland
Tage Erlandergatan 10B
S – 65220 Karlstad
Tel.: 0046-54-222550
Fax: 0046-54-101622
Website: www.varmland.org
E-Mail: info@varmland.org

Filipstads Turistbyrå
St Torget 3D
S – 68231 Filipstad
Tel.: 0046-590-61354
Fax: 0046-590-61371
Website: www.filipstad.se
E-Mail: turism@filipstad.se

Karlskoga Turistbyrå
Biblioteket K-Center
Kyrbacken 9
S – 69183 Karlskoga

Tel.: 0046-586-61474
Fax: 0046-586-61960
Website: www.karlskoga.se
E-Mail: turism@karlskoga.se

Storfors Turistkontor
Djupadalsgatan 20
Box 1001
S – 68829 Storfors
Tel.: 0046-550-65121
Fax: 0046-550-65114
Website: www.storfors.se
E-Mail: tourism@storfors.se

Sehenswürdigkeiten:

Gråbo Minenmuseum
Korpkullsvägen 12
S – 69183 Karlskoga
Tel.: 0046-586-33180

Leichtathletikmuseum
»Idrottsmuseet«
Kungsvägen 34
S – 69131 Karlskoga
Tel.: 0046-586-58719

Bofors Industriemuseum
Nobelmuseet i Karlskoga
Box 1894
S – 69133 Karlskoga

Nobel-Museum
Box 1894
S – 69133 Karlskoga
Tel.: 0046-586-83494
Fax: 0046-586-35220

E-Mail: nobelmuseet@karlsko-
ga.mail.telia.com

Granbergsdals Hytta
Mossberga 22
S – 69192 Granbergsdal
Tel.: 0046-586-13133
Fax: 0046-586-12011

Stadtkirche Karlskoga
Tel.: 0046-586-68815

Feuerwehrmuseum Storfors
Djupadalsgatan 12
Box 1001
S – 68829 Storfors
Tel.: 0046-550-63617

Kroppa kyrka
c/o Kroppa Församling
Sockenvägen 5
S – 68090 Nykroppa
Tel.: 0046-59041368

Silbermine »Hornkullen«
Nykroppa Framtid
Mossängsvägen 2
S – 68090 Nykroppa
Tel.: 0046-59041000
Fax: 0046-590-42020

Museet Kvarnen
Kvarntorget 2
S – 68231 Filipstad
Tel.: 0046-590-15198

Kirche Filipstad
c/o Filipstads Församling

Kyrkogatan 2, Box 16
S – 68227 Filipstad
Tel.: 0046-590-18750

Wasabröd AB
S – 68282 Filipstad
Tel.: 0046-590-18100
Fax: 0046-590-18500

Naturreservat Brattfors
S – 65186 Karlstad
Tel.: 0046-54-197474
Fax: 0046-54-197700

Lokalmuseum Brattfors
S – 68200 Brattfors
Tel.: 0046-590-40136

Eisenhütte Brattfors
S – 68200 Brattfors
Tel.: 0046-590-40136

Kirche Brattfors
c/o Filipstads Församling
Kyrkogatan 2, Box 16
S – 68227 Filipstad
Tel.: 0046-590-18750

Nordmark Bergbaumuseum
S – 68293 Nordmarkshyttan
Tel.: 0046-590-50404

Grube Långbans
Hyttbacken
S – 68292 Filipstad
Tel.: 0046-590-22181

Häfen:

Verein Filipstads Bergslags
Kanalen
Bäckvägen 2
S – 68830 Storfors
Tel.: 0046-550-63026
Website:
www.bergslagskanal.se
E-Mail: slussarna.bergslagska-
nalen@telia.com

Värmlands Bergslags Båtför-
bund
(Boots-Verband Värmland /
Bergslags)
Bäckvägen 2
S – 68830 Storfors
Tel.: 0046-550-61485

Karlskoga-Bofors Motorbåtsklubb
Tel.: 0046-586-25686

Sjöändans Båtklubb
Tel.: 0046-550-80473

Filipstads Motorbåtsklubb
Tel.: 0046-590-15024

Gasthafen Karlskoga
Tel.: 0046-586-25686

Gasthafen Lunedets
Tel.: 0046-550-63026

Gasthafen Nässundet
Tel.: 0046-550-63026

Gasthafen Sjöändan
Tel.: 0046-550-80473

Gasthafen Gransundet
(Sjöändan)
Tel.: 0046-550-80473

Gsthafen Lungsunds camping
Tel.: 0046-550-70277

Gasthafen Storfors
Tel.: 0046-550-62293

Gasthafen Bjurbäcken
Tel.: 0046-550-63026

Gasthafen Filipstad
Tel.: 0046-590-15024

Gasthafen Prästbäckens
rastplats
Tel.: 0046-550-63026

Gasthafen Nykroppa
Tel.: 0046-550-63026

Schleusenzeiten:

Schleusenzeiten sind zu
erfragen unter
Tel.: 0046-550-63026
mobil: 073-9573975

Restaurants:

Bofors Hotell & Herrgård
S – 69180 Karlskoga
Tel.: 0046-586-81100

Brogårdens Hotell &
Gästgifveri
Kanalvägen 1
S – 69153 Karlskoga
Tel.: 0046-583-30520

Lunedets Friluftsgård,
Restaurang Stallet & Bergs-
mansgården
Lunedet
S – 69191 Karlskoga
Tel.: 0046-586-15033

Marinas Krog & Pub
Bregårdsgatan 10A
S – 69132 Karlskoga
Tel.: 0046-586-33999

Storfors Folkets Hus Bar och
Restaurant
S – 68821 Storfors
Tel.: 0046-550-60891

Hotel Restaurant
Hennickehammars herrgård
Box 52
S – 68222 Filipstad
Tel.: 0046-590-608500
(Eines der besten Restaurants
in ganz Schweden.)

Hotel Restaurant
Kalhyttans herrgård
Kalhyttevägen
S – 68291 Filipstad
Tel.: 0046-590-14100

SCHWEDEN: DALSLANDS KANAL I

Der Dalslands Kanal führt Sie quer durch die Heimat von Astrid Lindgrens »Ronja Räubertochter«.

AUF DEN SPUREN VON RONJA RÄUBERTOCHTER

In diesen dichten, dunklen Wäldern muss es gewesen sein, dass dem Räuberhauptmann Mattis seine Tochter Ronja geboren wurde, in einer stürmischen Gewitternacht. Ist nicht dort, hinter der Wegbiegung, die vom Blitz gespaltene Ruine seiner Räuberburg zu sehen? Und bestimmt war jene versteckte Bucht am Seeufer der geheime Treffpunkt von Ronja und ihrem Freund Birk. Bevor Sie sich aufmachen, Ihren Urlaub in der zauberhaften Natur der Provinz Dalsland zu verbringen, lesen Sie noch einmal genau bei Astrid Lindgren nach! Auf Schritt und Tritt fühlt man sich zurückversetzt in seine Kinderträume: Uralte Fichten bieten allerbeste Möglichkeiten zum Verstecken spielen, einsame Buchten laden zum Badespaß und im lichten Birkenhain wartet Pipi Langstrumpf in der Villa Kunterbunt auf Ihren Besuch.

Auch die erfahrensten Schweden-Urlauber übersehen oft die kleine Provinz Dalsland im äußersten Westen Schwedens. Direkt an Norwegen grenzend, können Sie hier ein Schweden im Kleinformat erleben: Fast alle typischen Landschaftsformen sind vertreten, die Orte haben nicht mehr als 2500 Einwohner, klassische bunte Holz-

Tour-Daten
Charakter: Direkt an Norwegen grenzend, können Sie in der Provinz Dalsland im äußersten Westen des Landes ein Schweden im Kleinformat erleben. Fast alle typischen Landschaftsformen sind vertreten, die Orte haben nicht mehr als 2500 Einwohner und präsentieren sich mit den typischen, bunten Holzhäuschen.
Wasserstraße: Dalslands Kanal
Strecke: Köpmannebro–Årjäng
Dauer: 1 Woche
Länge: 87 km
Anzahl der Schleusen: 20
Größter Tiefgang: 1,80 m
Größte Höhe: 12,00 m

häuschen wie aus dem Märchenbuch bestimmen die Stadtbilder und selbst die Aussprache des Schwedischen ist wie aus dem Lehrbuch. Die Natur ist so ursprünglich und rein, wie man es sonst kaum noch in Europa findet – nahezu überall im Seensystem hat das Wasser trinkbare Qualität.

Der Name »Dalslands Kanal« ist ein wenig irreführend, denn eigentlich handelt es sich um ein wahres Labyrinth von großen und kleinen Seen, Flüssen und Kanälen. Nur zehn Kilometer der gesamten Länge von 254 Kilometern bestehen aus von Menschenhand gebauten Kanälen.

Sie wurden in den Jahren 1864 bis 1868 gegraben, um das Seensystem von Köpmannebro im Süden mit Östervallskog im Norden bzw. Fröskog im Osten Dalslands zu verbinden. Der Niveauunterschied von 66 Metern wird durch insgesamt 29 Schleusen, die auf 15 Stationen verteilt sind, überwunden. Das wohl berühmteste Bauwerk der Strecke ist das Aquädukt bei Håverud, das 1868 zur Überbrückung eines Wasserfalls errichtet wurde. Der Kanal überquert hier auf einer Länge von 32 Metern mit einer Breite von 4 Metern die Upperudsälv-Schlucht, in die tosend der Fluss Aklangen hinabstürzt. Nach wie vor zieht dieses Schauspiel Jahr für Jahr unzählige Besucher in seinen Bann.

Der Dalslands Kanal gilt als die schönste Wasserstraße Schwedens. Diesem Umstand – und der Gesamtlänge des Kanals – haben wir Rechnung getragen und gleich zwei Touren auf diesem Wasserweg in unser Buch aufgenommen. Die im Folgenden beschriebene Reise führt Sie durch den südlichen Teil des Seensystems von Köpmannebro am Westufer des Vänern-Sees bis zum Städtchen Årjäng. Sie können selbstverständlich auch beide Touren verbinden beziehungsweise sich bei Gustavsfors in nordwestlicher Richtung halten und über den Lelång-See das nördliche Ende des Kanals erreichen. Wer sich vorgenommen hat, die gesamte Strecke abzufahren, sollte mindestens drei Wochen Urlaub hierfür einplanen. Auch eine Tour in südlicher Richtung bietet sich an, denn Köpmannebro liegt gleich am Westufer des Vänern-Sees.

Gerade auch für Bootsanfänger ist der Dalslands Kanal eine besonders gut geeignete Strecke: Die Wasserwege sind bestens beschildert, die Schleusen problemlos zu bewältigen und auf den schmalen, langgestreckten Seen werden Sie auch bei schlechtestem Wetter niemals derart mit Wind und Wellen konfrontiert wie auf den größeren schwedischen Seen.

Aber lassen Sie uns hier nicht von schlechtem Wetter reden – die Wahrscheinlichkeit ist doch sehr gering. Genießen Sie vielmehr eine der schönsten Landschaften Schwedens bei ebenso schönem Sonnenschein!

Köpmannebro

Bis Upperud: 6 km, 2 Schleusen (»Upperud«)
Ihre Reise beginnt im kleinen Örtchen Köpmannebro am

Westufer des Vänern-Sees. Köpmannebro steht ganz im Zeichen des Wassersports: Bootsverleiher und -ausrüster, wohin man nur sieht. Ein bestens ausgestatteter Gasthafen ist die perfekte Basis für Ihren Start in das Seen-Labyrinth des Dalslands Kanals. Achten Sie darauf, dass Sie sich hier noch mit allem Nötigen für Ihre Reise eindecken, denn der Kanal ist zwar eine der schönsten Wasserstraßen ganz Schwedens – aber auch eine der einsamsten.

Upperud

Bis Håverud: 2 km
Das kleine Dörfchen am Spängen-See war im 16./17. Jahrhundert ein Umschlagplatz für das Roheisen der dalsländischen Eisenhütten. Während der allgemeinen Stahlkrise wurde er 1871 stillgelegt, doch einige wenige der alten Gebäude aus der Zeit um die Jahrhundertwende (1800) sind noch erhalten. Einen Boothafen mit Gastliegeplätzen finden Sie gleich an der Schleuse. Machen Sie hier fest und begeben Sie sich auf große Besichtigungstour in dem kleinen Ort: 1995 wurde vom schwedischen Königspaar das »Dalslands Museum & Kunsthalle« eingeweiht,

in dem die besten zeitgenössischen schwedischen Künstler ausgestellt sind. Das Museum ist übrigens das erste vollständig in ökologischer Bauweise errichtete Gebäude Schwedens. Vom Café Bonaparte haben Sie einen wundervollen Blick über den Dalslands Kanal. Der Name des Cafés erinnert übrigens daran, dass einst Napoleons Nichte Christine in Upperud wohnte.

In einem alten Getreidespeicher, der ehemals zur Walzmühle Upperud gehörte, ist heute das Handwerkshaus untergebracht, eines der größten Schwedens. Über 100 Handwerker arbeiten hier und bieten eine reichhaltige Auswahl an Reiseandenken.

Wenn Sie möchten, können Sie einen kleinen Überland-Ausflug nach Skållerud unternehmen: Die Kirche von Skållerud ist vermutlich eine der schönsten in ganz Dalsland. Ihre Ursprünge stammen aus dem 13. Jahrhundert, das Gebäude selbst wurde im 17. Jahrhundert errichtet. Der Friedhof beherbergt zahlreiche, reich verzierte Eisenkreuze.

Håverud

Bis Dals Långed: 20 km,
6 Schleusen (»Håverud«,
»Buterud«, »Mustardfors«)

73

Kurzer Zwischenstopp in Håverud.

Südöstlich der berühmtesten Schleusen der Strecke können Sie im Gasthafen anlegen. Ein kleiner Supermarkt, zirka 1,5 Kilometer vom Hafen entfernt, versorgt Sie mit allem Notwendigen.

So weit bekannt ist, ist Håverud der einzige Ort in Europa, an dem Schiffe, Autos und Züge an einem Punkt auf verschiedenen Ebenen aufeinandertreffen können. Alle Verkehrsmittel müssen an dieser Stelle die Upperudsälv-Schlucht überwinden. Der Dalslands Kanal schafft dies mittels eines Aquädukts, das im Jahre 1868 von Nils Ericson erbaut wurde. Das beeindruckende Bauwerk ist eine 32 Meter lange und 4 Meter breite Stahlrinne, die von insgesamt sage und schreibe 33 000 Nieten zusammengehalten wird. Eine wahre Meisterleistung der Ingenieurskunst!

Auch Håverud hatte einst eine eigene Eisenhütte, aus der jedoch später die bekannte Papierfabrik Håfreströms AB entstand. Nach dem Umzug der Fabrik in den Nachbarort Åsensbruk standen die historischen Gebäude nicht lange leer: Handwerksbetriebe, Restaurants, das Touristenbüro, eine Räucherei u.a. sind heute hier untergebracht. Und vor allem das »Dalslands Center«, eine Ausstellung über Wirtschaft und Gewerbe der Provinz, das weit über die Grenzen Dalslands hinaus bekannt ist.

Auf dem Weg zurück zum Hafen machen Sie Halt beim Kanalmuseum. Es erzählt vom Leben an den Flüssen und Seen des Dalslandes vom 19. Jahrhundert bis heute.

War Ihre Reise bis hierher noch von menschlicher Zivilisation geprägt, so stellen Sie sich nun auf einen »Kulturschock« ein: Die Landschaft nimmt einen urwüchsigen Wildnischarakter an. Idyllische Einsamkeit wird Sie auf den nächsten Kilometern umgeben, Flora und Fauna werden Ihre einzigen Begleiter sein. Suchen Sie sich im See Råvarpen einen ruhigen Liegeplatz und machen Sie einen Spaziergang an seinem Nordostufer: In Högsbyn stoßen Sie auf das berühmteste historische Monument der Provinz Dalsland: Inmitten eines zauberhaften Naturreservates finden Sie auf 6000 Quadratmetern zahlreiche Höhlen mit über 300 Felszeichnungen aus der Bronzezeit.

Dals Långed

Bis Billingsfors: 9 km, 5 Schleusen (»Långed«, »Långbron«)
Sollte Ihre Bordküche eine Auffrischung benötigen, machen Sie an der Schleuse von Långed fest

– ein kleiner Tante-Emma-Laden und auch eine Dieseltankstelle befinden sich nur 200 Meter weit entfernt. Der Gasthafen Långbron befindet sich ein wenig nördlich außerhalb des Dorfes.

Dals Långed ist ein typisch schwedisches Dörfchen wie aus dem Bilderbuch: Ein heller Birkenhain umgibt die Holzhäuser, die sich am Kanalufer entlang versammelt haben. Alte Handwerke haben hier noch eine lebendige Tradition: Besuchen Sie den Gold- und Silberschmied Jan Andreasson oder schauen Sie dem Kunstschmied Ingvar Westling bei seiner Arbeit über die Schulter.

Billingsfors

Bis Bengtsfors: 7 km, 7 Schleusen (»Billingsfors«, »18:e«, »19:e–20:e«, »Bengtsfors«)
Falls Sie erneut Vorräte benötigen, machen Sie bei der Schleuse von Bengtsfors fest. Nur 500 Meter weit entfernt finden Sie einen gut ausgestatteten Konsum-Supermarkt. Ansonsten können Sie im Gasthafen »Baldersnäs« vor Anker gehen und das berühmte gleichnamige Herrenhaus besichtigen. Inmitten eines weitläufigen Parks mit

Bemerkenswerte Relikte aus uralter Zeit:
Die Felszeichnungen in Högsbyn.

Der kleine Ort Billingsfors besitzt auch ein eigenes Freilufttheater, in dem in den Sommermonaten vorwiegend klassische Stücke aufgeführt werden. Erkundigen Sie sich im Touristbüro Bengtsfors nach dem aktuellen Spielplan!

Ungefähr fünf Kilometer südlich von Billingsfors können Sie ein Naturschauspiel der ganz besonderen Art besuchen: Die Grotten von Steneby. Das Gebiet ist ein Naturschutzreservat, in dem die letzte Eiszeit ihre individuellen Spuren hinterlassen hat. Unter dem zurückweichenden Inlandeis flossen enorme Wassermassen mit gewaltiger Kraft, die Höhlen in den felsigen Boden gruben. Die Größe der Höhlen reicht von wenigen Zentimetern im Durchmesser bis zu einer Höhe von zehn und einer Tiefe von sieben Metern.

Bengtsfors

Bis Gustavsfors: 18 km
Bengtsfors ist nun definitiv der letzte größere Ort, auf den Sie bis zum Ende Ihrer Reise treffen werden. Der Gasthafen ist ganz besonders idyllisch inmitten eines Parks mit altem Baumbestand gelegen, von dem aus die Innenstadt innerhalb von weni-

sehr seltenen Pflanzen (der den Status eines Naturreservats erhalten hat) liegt das romantische Landhaus aus dem Jahre 1540. Sowohl das Herrenhaus als auch der pittoreske Hafen am Laxsjön-See aus dem Jahr 1860 sind für die Öffentlichkeit zugänglich.

gen Fußminuten zu erreichen ist. Auf der Kuppe des Majbergs liegt das Freilichtmuseum Gammelgården. 18 historische Gebäude aus dem 18. und 19. Jahrhundert wurden hier aus allen Teilen des Dalslands zusammengetragen und wieder aufgebaut. Während der Mittsommerfestivitäten sind Handwerksvorführungen und eine traditionelle Bauernhochzeit nur zwei von zahlreichen Aktivitäten. Ein besonders außergewöhnliches Museum ist das »Halmens Hus«, ein Museum für Strohhandwerk. In einer ständigen Ausstellung wird die Geschichte des Strohs und des Strohhandwerks erzählt. Sogar eine eigene Datenbank wurde zu diesem Thema eingerichtet. An jedem ersten Sonntag im August wird auf dem ganzen Gelände das Handwerk vorgeführt – probieren Sie selbst Ihre Fingerfertigkeit an dem störrischen Material!

Die ausgedehnten Wälder rund um Bengtsfors warten nur darauf, von Ihnen entdeckt zu werden: Das Touristenbüro der Stadt bietet für besonders geduldige Urlauber in den Monaten Juli und August Elch-Safaris an – folgen Sie den Spuren des Königs der schwedischen Wälder. Oder erkunden Sie die Gegend per Draisine auf stillgelegten Bahngleisen. Zu einer kleinen Reise in die Vergangenheit wird ein Besuch des Lysetjärn Kohlenmeilers, der noch heute wie vor 100 Jahren in Betrieb ist.

Über den langgestreckten Lelång-See setzen Sie Ihre Reise gen Norden fort. Tiefe Stille liegt über der unberührten Natur, und das glasklare Wasser des Sees verlockt dazu, die Angel ins Wasser zu halten. Freuen Sie sich darauf, Hecht, Barsch oder Zander auf Ihren Speisezettel setzen zu können.

Gustavsfors

Bis Årjäng: 25 km
Sollten Sie eine kleine Erholung von all der Ruhe und dem Wasser benötigen, gehen Sie in Gustavsfors an Land. Der Gasthafen ist erstaunlich groß für einen solch kleinen Ort, und auch die Verpflegungsmöglichkeiten sind bestens. Derart gestärkt nehmen Sie Kurs auf das Ziel Ihrer Reise:

Årjäng

Machen Sie im bestens ausgestatteten Hafen von Årjäng fest und schlendern Sie zunächst durch die idyllische Kleinstadt.

77

Bunte Holzhäuschen geben Ihnen das Gefühl, sich zwischen den Seiten eines schwedischen Bilderbuches zu befinden.

Die Sehenswürdigkeiten von Årjäng befinden sich leider fast alle außerhalb des Zentrums, so dass Sie sich am besten ein Fahrrad oder ein Auto mieten. Gleich vor den nördlichen Toren der Stadt liegt das »Silbodals Heimatmuseum«, eine Ansammlung von historischen Häusern des Dalslands aus dem 18. Jahrhundert. Ein Herrenhaus und zahlreiche Werkstätten sind auch in ihrer Inneneinrichtung originalgetreu restauriert worden, so dass Sie einen ausgezeichneten Einblick ins schwedische Leben vor 200 Jahren erhalten. Im Vorort Backa können Sie sich am heilenden Wasser der Mineralquelle erfrischen und danach den Speckstein-Steinbruch besichtigen. Der graugrüne, feuerresistente Stein wurde in früheren Zeiten für den Bau von Öfen und Fußböden genutzt. Auf Ihrem weiteren Weg gen Norden treffen Sie nach etwa einem Kilometer auf die Ruinen der Kalleboda Mühle aus dem 19. Jahrhundert. Auch vom Haus des Müllers sind noch die Grundmauern erhalten, ebenso das alte Mühlrad unterhalb des Wasserfalls. Wenn Sie an einen Felsen kommen, auf dem frische Blumen liegen, ist das kein Zeichen dafür, dass hier ein tragischer Autounfall passiert ist. Die Legende erzählt, dass alle Bewohner der Gegend einer obdachlosen Frau und ihrem unehelichen Kind an einem Weihnachtsabend im frühen 19. Jahrhundert die Türen verschlossen. Am nächsten Morgen fand man die beiden erfroren unterhalb dieses Felsens sitzend. Nur wenig weiter, in Långelanda (zirka fünf Kilometer von Årjäng entfernt), erreichen Sie Dalslands ältesten erhaltenen Gerichtshof. Im Jahre 1802 erbaut, sind sowohl der alte Gerichtssaal als auch die Zellen und das Archiv noch bestens erhalten.

Wenn Sie sich ab Årjäng in westliche Richtung wenden, können Sie nach ungefähr elf Kilometern im Örtchen Selen eine Grabstätte besichtigen, deren Fundstücke eine Nutzung bereits in der Eisenzeit belegen. Nur ein wenig weiter, in Holmedal, krönen Sie Ihre Reise zum Abschluss mit einem königlichen Besuch: In seinem hiesigen Landhaus residierte König Karl XII. in den Jahren 1716 und 1718, um die Feldzüge gegen Norwegen vorzubereiten.

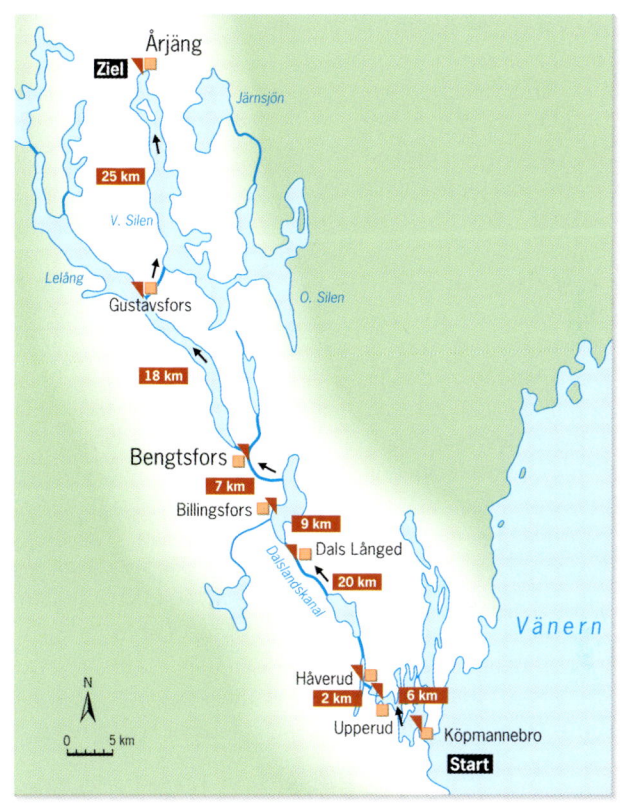

Adressen

Touristische Informationen:

Västsvenska Turistrådet
Kungsportsavenyn 31-35
5 vån
S – 41136 Göteborg
Tel.: 0046-31-818300
Fax: 0046-31-818301
Website: www.vastsvenskatu-
ristradet.se

E-Mail: info@vastsvenskatu-
ristradet.se

Årjängs turistbyrå
Torget
S – 66229 Årjäng
Tel.: 0046-573-14136
Fax: 0046-573-14135
Website: www.arjang.se
E-Mail: turist@arjang.se

Bengtsfors turistbyrå
Tingshuset
S – 66021 Bengtsfors
Tel.: 0046-531-526354
Fax: 0046-531-12400
Website: www.bengtsfors.se
E-Mail: turist@bengtsfors.se

Håveruds turistbyrå
Dalsland Center
S – 46472 Håverud
Tel.: 0046-530-30580
Fax: 0046-530-30880
Website: www.mellrud.se
E-Mail: tourism@mellerud.se

Melleruds turistbyrå
Box 55
Storgatan 26
S – 46422 Mellerud
Tel.: 0046-530-18308
Fax: 0046-530-18209
Website: www.mellrud.se
E-Mail: tourism@mellerud.se

Sehenswürdigkeiten:

Dalslands Museum & Kunsthalle
Stiftelsen Dalslands Museum
Dalsland Center
S – 46472 Håverud
Tel.: 0046-530-30098

Dalsland Center – Ausstellung
über Wirtschaft und Gewerbe
S – 46472 Håverud
Tel.: 0046-530-30880

E-Mail:
info@dalslandcenter.com

Kanalmuseum in Håverud
Museivägen 3
S – 46472 Håverud
Tel.: 0046-530-30624

Felszeichnungen in Högsbyn
Bengtsfors turistbyrå
Tel.: 0046-531-43120

Gold- und Silberschmied
Jan Andreasson
Dals Långed
Tel.: 0046-531-40595

Baldersnäs
S – 66011 Billingsfors
Tel.: 0046-531-30864

Grotten von Steneby
Bengtsfors turistbyrå
Tingshuset
S – 66021 Bengtsfors
Tel.: 0046-531-526354
Fax: 0046-531-12400
Website: www.bengtsfors.se
E-Mail: turist@bengtsfors.se

Kalleboda Mühle
S – 67229 Årjäng
Tel.: 0046-573-14134

Landhaus Karls XII.
Holmedal
S – 67229 Årjäng
Tel.: 0046-573-14134

Häfen:

Dalslands Kanal
Kyrkogatan 14
S – 66231 Åmål
Tel.: 0046-532-10466
Fax: 0046-532-10477
Website:
www.dalslandskanal.se

Köpmannebro
Tel.: 0046-530-31110

Upperud
Tel.: 0046-530-30747

Håverud
Tel.: 0046-70-2197915

Långbron
Tel.: 0046-531-40565

Laxsjön
Tel.: 0046-531-30010

Baldersnäs
Tel.: 0046-531-41213

Bengtsfors
Tel.: 0046-531-526000

Gustavsfors
Tel.: 0046-531-20013

Årjäng
Tel.: 0046-573-711963

Restaurants:

Café Tre Broar
S – 46471 Köpmannebro
Tel.: 0046-530-31137

Skötteruds Gård
S – 46493 Mellerud
Tel.: 0046-530-41714

Håveruds Delikatess &
Brasserie
Dalslands Center
S – 46472 Håverud
Tel.: 0046-530-35131

Hotell Dalia Restaurant
Karlbergsvägen 3
S – 66631 Bengtsfors
Tel.: 0046-531-72700

Rosellmagasinet
Lelångens södra strand
S – 66631 Bengtsfors
Tel.: 0046-531-10040

Restaurant Baldersnäs
S – 66011 Billingsfors
Tel.: 0046-531-30864

Restaurant Hotel Nordic
Arvikavägen 6
S – 67230 Årjäng
Tel.: 0046-573-711070

Sommarvik
S – 67291 Årjäng
Tel.: 0046-573-12060

81

SCHWEDEN: DALSLANDS KANAL II

Der Inbegriff schwedischer Gemütlichkeit: Die typischen, bunten Holzhäuschen.

OH SÜßES NICHTSTUN ...

Ausspannen. Die Seele baumeln lassen. Keine Hektik, kein Trubel, kein Arbeitsalltag. Weder Telefon noch Fax stören. Endlich einmal all die Bücher lesen, die schon das ganze Jahr darauf warten, gelesen zu werden. 24 Stunden am Tag Zeit haben für die mitreisenden Freunde und die Familie. Fürs Abendessen mal eben die Angel ins klare Wasser hängen und zwei bis drei Barsche aus dem See fischen. Am Ufer die trinkende Elchfamilie beobachten oder den Fischadler, der hoch oben am blauen Himmel seine Kreise zieht. Eine Woche lang nichts als Ruhe, Ruhe, Ruhe... Sie meinen, dass Sie das wirklich aushalten? Willkommen auf dem Dalslands Kanal!

Wie schon bei der vorherigen Tour beschrieben, ist die Provinz Dalsland im Westen Schwedens einer der zauberhaftesten Landstriche des ganzen Landes. Auf einer Fläche von 3708 Quadratkilometern leben gerade einmal 56 000 Einwohner. Und das Grenzgebiet zum Nachbarland Norwegen, durch das die folgende Tour führt, ist ganz besonders dünn besiedelt. Nur einige wenige kleine Ortschaften säumen die Seen und Flüsse, so dass Sie in den Genuss einer nahezu unberührt scheinenden Natur kommen.

Als vor 12 000 Jahren das Inlandeis zu schmelzen begann, hinterließ es beeindruckende Felsformationen und legte ein Land frei, das einst der Boden eines Ozeans war. Im Laufe der Jahrhunderte füllten sich die Täler mit Wasser, und dichte Wälder entstanden auf dem fruchtbaren Boden. Funde aus der Eisen- und Bronzezeit belegen, dass das Dalsland schon früh von Jägern und Fischern besiedelt wurde.

Als die Christianisierung den »wilden Norden« erreichte und die Wikinger zum Christentum

Tour-Daten

Charakter: Urtümliche Wälder säumen die »idyllischste Wasserstraße« Schwedens und sind Heimat seltener Tier- und Pflanzenarten. Der zauberhafte Landstrich ist nur äußerst dünn besiedelt, und so ist diese Tour vor allem dann die richtige für Sie, wenn Sie nichts als Ruhe und Erholung suchen.

Wasserstraße: Dalslands Kanal

Strecke: Ed–Östervallskog

Dauer: 1 Woche

Länge: 107 km

Anzahl der Schleusen: 2

Größter Tiefgang: 1,80 m

Größte Höhe: 3,60 m

konvertierten, begannen die Menschen, Kirchen zu bauen. In Dalsland sind einige wenige von ihnen erhalten, deren Ursprünge bis in die Jahre 1100 und 1200 zurückreichen. Sie ziehen den Betrachter mit atemberaubend schönen Fassaden und Verzierungen im Innern in ihren Bann. Aufgrund der oft felsigen Bodenbeschaffenheit war Ackerbau im Dalsland nie ein besonders großer Wirtschaftszweig. Eisenerzfunde im späten 17. und frühen 18. Jahrhundert jedoch machten die Provinz über ihre Grenzen hinaus bekannt. Bis in die erste Hälfte des 19. Jahrhunderts war die Stahlindustrie die Haupteinnahmequelle Dalslands. Mit dem Rückgang der Ressourcen verlegte man sich mehr und mehr auf die Papierindustrie, doch auch sie konnte den wirtschaftlichen Niedergang nicht verhindern. Von 1850 bis 1900 prägte eine Auswanderungswelle die Provinz; vor allem Kleinbauern versuchten, der Armut und den Hungersnöten in Richtung Norwegen und Amerika zu entkommen. Über 64 000 Menschen verließen das Land – mehr, als das Dalsland heute an Einwohnern zählt. Erst ab 1970 begann ein Rückzug in das Gebiet, als die Papierherstellung und die Motorenindustrie

dem Dalsland ein wenig von seiner industriellen Bedeutung zurückgaben.

Aus heutiger, touristischer Sicht kann man den industriellen Wirren und den wirtschaftlichen Flauten des Dalslandes nur dankbar sein, denn die hiesige Natur wurde in ihrer Entwicklung nur geringfügig vom Menschen gestört. Urtümliche Wälder ziehen sich an den Ufern der Seen entlang und sind Heimat für zahlreiche seltene Tiere und Pflanzen geworden. Dies ist sicherlich einer der Hauptgründe, warum der Dalslands Kanal als die »idyllischste Wasserstraße Schwedens« bezeichnet wird. Wie schon in der vorhergehenden Tour erwähnt, trifft die Bezeichnung »Kanal« nur auf wenige Kilometer zu: Zahlreiche Seen reihen sich aneinander und sind durch Flüsse und insgesamt nur zehn Kilometer künstlich angelegter Kanäle miteinander verbunden. Gerade auf der hier beschriebenen Strecke wird Ihnen diese Tatsache ins Auge fallen: Langgestreckte Seen führen Sie östlich der norwegischen Grenze von Ed im Süden nach Norden zum Städtchen Östervallskog. Lediglich zwei Schleusen bei Töcksfors unterbrechen Ihr ruhiges Dahinschippern. Sicherlich wäre die gesamte Strecke von lediglich 107 Kilometern Länge in weniger als einer Woche zurückzulegen, doch diese Tour ist speziell für die Erholungssuchenden unter Ihnen beschrieben. Erkunden Sie in aller Ruhe und ohne einen Blick auf Uhr oder Kalender die Seen und ihre Ufer. Unternehmen Sie Ausflüge in verlassene Seitenarme oder bleiben Sie einfach für zwei Tage in einer besonders idyllischen Bucht liegen.

Ed

Bis Nössemark: 28 km
An der Südspitze des Sees Stora Le, der die erste Etappe dieser Reise sein wird, liegt das Städtchen Ed. Vom Hafen aus, der rund zwei Kilometer von der Innenstadt entfernt liegt, haben Sie einen fantastischen Ausblick über den See. Prinz Wilhelm bezeichnete diese Ansicht einmal als »Comer See inmitten von Miniaturalpen«. Auch König Karl XII. verbrachte einige Zeit in Ed und entfloh den Staatsgeschäften des öfteren bei einer Bootstour auf dem Stora Le. Inmitten des Ortes erhebt sich die »Dals-Ed-Formation«, ein Hügel aus uraltem Kiesgestein, der einst Ausläufer eines eiszeit-

lichen Gletschers war. Nicht weit entfernt haben Sie die Möglichkeit, ein außergewöhnliches Museum zu besuchen: Das »Eds MC- och Motormuseum«. Aus knapp 200 Jahren Geschichte der Motorenindustrie im Dalsland sind hier Ausstellungsstücke versammelt: Historische Motorräder, Bootsmotoren und (ganz typisch für Schweden!) Motorsägen.

Verlassen Sie Ed nicht, ohne einige Ausflüge in die Umgebung gemacht zu haben: Gleich im Südosten liegt das Dorf Bäckefors. Bäckefors ist das geographische Zentrum des Dalslandes und eine der ältesten Industrieansiedlungen der Provinz. Der Hauptindustriezweig im 19. und frühen 20. Jahrhundert war, wie fast überall im Land, die Stahlindustrie. In der historischen Schmiede von Henry Mabäcker können Sie noch heute bestaunen, wie in früheren Zeiten Nägel von Hand geschmiedet wurden.

Ein anderer »Vorort« von Ed, südwestlich gelegen, ist Gesäter. Hier finden Sie ein ganz besonderes Kleinod des Dalslandes: Die Gesäter Kirche. Nur noch wenige Zeugnisse der mittelalterlichen Christianisierung sind im Dalsland erhalten geblieben. Zu ihnen gehört die »Gesäter

Madonna«, eine 80 Zentimeter hohe Holzstatue, die aus dem 13. Jahrhundert stammt. Das Kirchengebäude selbst hat eine bewegte Vergangenheit: Im Laufe der Jahrhunderte wurde es des Öfteren schwer beschädigt und diente sogar eine Zeit lang als Schlachthof.

Nicht weit entfernt, im Ort Gäserud, können Sie eines der ältesten weltlichen Gebäude der Gegend besichtigen: Die »Gäserud-Hütte« (Gäserudstugan). Der alte Gutshof ist heute ein Heimatmuseum und besteht aus dem Haupthaus, einer Scheune und – besonders sehenswert –einer sehr seltenen Lagerhütte auf Pfählen.

Zeugnisse der neueren Vergangenheit finden Sie im Westen von Ed, in Richtung der norwegischen Grenze. Die Festung »Parsetjärn« wurde 1940 erbaut, als deutsche Truppen in Norwegen einmarschierten. Sie gehörte zu der schwedischen Verteidigungslinie, die der Grenze am nächsten lag, und beherbergte 100 Soldaten.

Nachdem Sie Ihre Bordvorräte und den Tank aufgefüllt haben, verlassen Sie nun den Gasthafen von Ed und wenden sich nordwärts. Wir wünschen Ihnen natürlich sehr, dass Ihr Urlaub von strahlendem Sonnenschein begleitet wird – allerdings verpassen Sie dann ein grandioses Naturschauspiel: Am Westufer des Stora Le stürzt nach Frühjahrsfluten oder ergiebigen Regenfällen der Wasserfall Brudslöjan in die Tiefe.

Lassen Sie sich viel Zeit für die Durchquerung des Stora-Le-Sees und genießen Sie den typischen »Wildmark«-Charakter der Gegend. Im Volksmund wird dieser Landstrich auch als das »kleine Nordkap« bezeichnet. Außergewöhnliche Flora und Fauna ist hier anzutreffen, z.B. die wilde Bergzwiebel, eine botanische Rarität. Der See selbst hat durchaus Trinkwasserqualität, ist aber nicht unbedingt zum Baden geeignet. Seiner Tiefe von bis zu 102 Metern ist es zu verdanken, dass das Wasser selbst in heißesten Sommern »erfrischend« kalt bleibt.

Nössemark

Bis Lennartsfors: 38 km
In der etwa zwei Kilometer tiefen Bucht von Strandviken versteckt liegt der kleine Ort Nössemark. Er verfügt über einen ausgezeichneten Gasthafen mit allen nur denkbaren Versorgungsmöglichkeiten: Treibstoff, Reparaturservice, Sanitäranla-

gen und sogar ein Kran sind vorhanden. Wenn Sie den Hafen anlaufen, durchqueren Sie ein Gebiet mit vielen kleinen Inselchen, die mit den typischen schwedischen Ferienhäuschen bebaut sind: Bunte Holzfassaden malen fröhliche Kleckse in die Landschaft. Der kleine Supermarkt von Nössemark ist bestens bestückt – gönnen Sie sich den Luxus und kosten Sie vom hochprozentigen schwedischen Bier. Als Grundlage eignen sich Smaländer Grillwürste ganz besonders gut!

Auf Ihrer Weiterfahrt wird Sie das Gefühl beschleichen, sich mitten in einem schwedischen Urlaubsprospekt zu befinden: Auf der einen Seite dichte, dunkle Wälder, das gegenüberliegende Ufer besteht aus senkrecht abfallenden Felsen, der See spiegelt das Blau des Himmels. Falls Sie Ihr Trinkwasser aus dem See schöpfen, achten Sie darauf, dass Sie möglichst schnell die kleinen Fischchen wieder aussortieren, die sich in Ihr Glas verirrt haben! Die größeren Artgenossen sind aber auch nicht schwer zu fangen und geben ein herrliches Abendessen ab.

Einige Kilometer, bevor Sie den See Stora Le verlassen, halten Sie sich ans Ostufer und suchen sich einen lauschigen Liegeplatz. Bei Sandviken können Sie ein Naturschauspiel von größtem wissenschaftlichen Interesse bewundern: Die 8000 Jahre alten Muschelbänke. Die versteinerten Urtiere befinden sich auf einer Höhe von 130 Metern über dem Meeresspiegel, und somit ist Sandviken Westschwedens höchst-gelegene Fossilien-Fundstelle.

Lennartsfors

Bis Töcksfors: 23 km
An der Schnittstelle der Seen Stora Le, Foxen und Lelång liegt das Städtchen Lennartsfors. Nur 200 Meter vom Gasthafen entfernt können Sie in dem kleinen Lebensmittelladen Ihre Vorräte auffüllen und sich dann unbeschwert zur Besichtigung der Stadt und ihrer Umgebung aufmachen. An der Stelle, an der Sie heute die Schleuse sehen, befand sich früher ein Wasserfall von fast zehn Metern Höhe. Die Menschen nutzten die Wasserkraft und betrieben mit ihr zahlreiche Mühlen. Von einigen dieser Mühlen sind heute noch die Überreste zu sehen.

Eine der eingangs erwähnten seltenen Kirchen Dalslands aus dem Mittelalter ist in einem

Dorf bei Lennartsfors zu besichtigen: In Blomskog, nur wenige Kilometer entfernt, steht die Kirche »Trankil«. Idyllisch am Ufer des Lelång-Sees gelegen, entführt Sie das schlichte, kreuzförmige Holzgebäude in längst vergangene Zeiten, in denen die Wikinger und die »wilden Männer des Nordens« sich nach und nach zum Christentum bekannten.

Überhaupt ist die Gegend um den Foxen-See sehr dazu angetan, seiner Phantasie freien Lauf zu lassen: Wer mit skandinavischen Sagen und Märchen vertraut ist, wird keine Schwierigkeiten haben, in den dichten Wäldern und verschwiegenen Buchten kleine, bucklige Trolle zu entdecken. Und die zahllosen Inselchen, die den See sprenkeln, sind doch sicherlich seit Anbeginn aller Zeiten die Heimat von Elfen und Feen! Gehen Sie an einem der einladenden Sandstrände an Land und Sie werden sehen: Während Sie in der Sonne schlummern, erfüllen Ihnen die guten Geister des Sees Ihre Wünsche ...

Auf Ihrer weiteren Reise in Richtung Norden folgen Sie im Wesentlichen einfach dem Grenzverlauf zum Nachbarland Norwegen. Diese schwedisch-norwegische Grenze hat sich seit 1751 nicht mehr verändert und ist somit die älteste Grenze Europas.

Am nördlichen Ende des Foxen-Sees ist es wieder an der Zeit, sich in einer stillen Bucht einen Ankerplatz zu suchen und das Dorf Västra Fågelvik zu besuchen. Die hiesige Kirche aus dem Jahr 1860 gehört zu den schönsten des Landes. Besonders sehenswert ist das Taufbecken, das aus dem im Dalsland reichlich vorkommenden Speckstein gestaltet wurde und aus dem 13. Jahrhundert stammt.

Töcksfors

Bis Östervallskog: 18 km,
2 Schleusen (»Töcksfors«)
Mit Töcksfors haben Sie das nördliche Ende des Foxen-Sees erreicht. Sie können, wenn Sie sich nur kurz hier aufhalten möchten, an der Brücke in der Nähe der Schleuse festmachen. Der Gasthafen befindet sich noch vor den zwei Schleusen, die im Abstand von etwa einem Kilometer hintereinander liegen und einen Niveauunterschied von fünf Metern überwinden. Wie nahezu alle Häfen am Dalslands Kanal ist auch dieser mit allen Annehmlichkeiten und

Wer Erholung von schwankenden Planken benötigt, sollte sich
die Freude eines Rittes auf Islandpferden gönnen.

Versorgungsmöglichkeiten ausgestattet.

Auch Töcksfors nennt eine außerordentlich schöne Holzkirche sein Eigen. Leider war die alte Kirche Anfang des 19. Jahrhunderts in einem so schlechten Zustand, dass sie im Jahr 1819 komplett neu aufgebaut wurde. Besonders sehenswert ist das Innere des Gotteshauses: Gemälde zieren die Decken, und das Taufbecken aus dem 12. Jahrhundert ist eines der ältesten in ganz Värmland. Auch die ehemaligen kircheneigenen Stallungen sind liebevoll restauriert worden und stehen Ihnen zur Besichtigung zur Verfügung. – Sicherlich hat in dieser Kirche auch einmal der Prediger und Schriftsteller Frank Mangs die Messe zelebriert. Seinem Leben und Wirken ist das Haus »Mangsgården« gewidmet, das er und seine Familie im Jahr 1955 in Töcksfors kauften.

Unternehmen Sie einen Ausflug nach Holmedal, zirka 14 Kilometer in westlicher Richtung von Töcksfors: Im »Holmedal Heimatmuseum« können Sie sich einen Eindruck davon verschaffen, wie die Menschen vor 200 Jahren in diesem Landstrich ihr Leben meisterten. Aus dem Jahr 1718 stammt die nahegelegene Festung »Hajom«, die während des damaligen Krieges gegen Norwegen hier angelegt wurde. Zwei Bastionen und ein Graben sind noch vollständig erhalten.

Das Glasbläser-Handwerk hat im Dalsland eine lange Tradition.

Kurz nachdem Sie die zwei Schleusen von Töcksfors überwunden haben, verengt sich das Fahrwasser merklich und Sie fahren ein in die langgestreckten schmalen Seen Töck und, im weiteren Verlauf, Strömmesjön. Auch die Landschaft verändert sich: Die dichten Wälder weichen allmählich lichten Mooren und Birkenhainen.

Östervallskog

Beenden Sie Ihre Reise im kleinen Hafen des Städtchens Östervallskog am nördlichsten Zipfel des Dalslands Kanals. Eine Woche purer Erholung auf dem Wasser liegt nun hinter Ihnen –Zeit für einen ausgedehnten Landgang! Östervallskog selbst ist ein kleines Örtchen, das in seiner Beschaulichkeit gut in die unspek-takuläre Gegend passt. In näherer Umgebung sind jedoch einige Sehenswürdigkeiten zu finden, die Sie keinesfalls verpassen sollten:

Die Leinenweberei in Klässbol z.B., in der Sie zuschauen können, wie Decken und Servietten für das schwedische Königshaus gewebt werden. Auch eine Möbelwerkstatt, eine Zinnschmiede und eine kleine Glasbläserei sind hier zu besichtigen.

Traditionsreiches Handwerk auch in Älgå: Die Nagelschmiede stammt aus dem 19. Jahrhundert und ist eine der wenigen noch erhaltenen Schmieden dieser Art.

Wenn Sie es lieber kriegerisch mögen, besuchen Sie die »Schanze von Eda« in Åmotsfors. Sie war eine der wichtigsten schwedischen Verteidigungsanlagen in den Kriegen gegen Norwegen. Auf den 600 Meter langen Erdwällen sind noch sechs ausgebaute Bastionen zu besichtigen.

Vom Krieg zur Kunst nach Arvika: Im Geburtshof des Bildhauers Christian Eriksson (1858–1935) wird schwedisches Kunsthandwerk der Jahrhundertwende gezeigt. Im museumseigenen Shop finden Sie sicherlich noch das eine oder andere Reisemitbringsel!

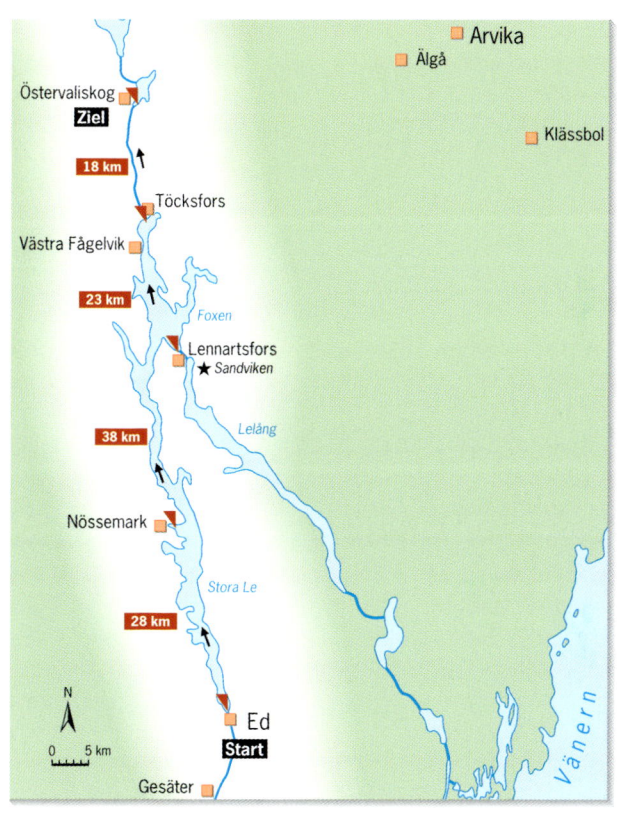

Adressen

Touristische Informationen:

Västsvenska Turistrådet
Kungsportsavenyn 31-35
5 vån
S – 41136 Göteborg
Tel.: 0046-31-818300
Fax: 0046-31-818301
Website: www.vastsvenskatu-
ristradet.se

E-Mail: info@vastsvenskatu-
ristradet.se

Arvika Turistbyrå
Storgatan 22
S – 67131 Arvika
Tel.: 0046-570-81790
Fax: 0046-570-81720
Website: www.arvika.se
E-Mail: turist@arvika.se

Dals Ed Turistbyrå
Strömstadvägen 2
S – 66821 Ed
Tel.: 0046-534-19022
Fax: 0046-534-10550
Website: www.dalsed.se
E-Mail: tourist@dalsed.se

Sehenswürdigkeiten:

Eds MC- och Motormuseum
Storgatan 26
S – 66830 Ed
Tel.: 0046-534-23081
E-Mail: mc-dalsland@swipnet.se

Gäserudstugan
Gäserud, Håbol
S – 66891 Ed
Tel.: 0046-534-61315

Kirche Gesäter
S – 66893 Ed
Tel.: 0046-534-23030

Bäckefors Heimatmuseum
S – 66894 Bäckefors
Tel.: 0046-530-60037

Festung »Pasetjärn«
Dals Ed Turistbyrå (s.o.)

Muschelbänke Sandviken
Årjängs turistbyrå
Torget
S – 66229 Årjäng
Tel.: 0046-573-14136

Kirche »Trankil«
Blomskogs Församling
Blomskog
S – 67292 Årjäng
Tel.: 0046-573-31010

Kirche »Västra Fågelvik«
Töcksmarks Pastorat
Box 43
S – 67010 Töcksfors
Tel.: 0046-573-21024
Fax: 0046-473-21024

Heimatmuseum Holmedal
Holmedals Hembygdsförening
Klockaregården, Holmedal
S – 67294 Årjäng
Tel.: 0046-573-14136

Mangsgården
Sveavägen
S – 67010 Töcksfors
Tel.: 0046-573-21341

Festung »Hajom«
Årjängs turistbyrå
Torget
S – 66229 Årjäng
Tel.: 0046-573-14136

Kirche Töcksfors
Töcksmarks Pastorat
Box 43
S – 67010 Töcksfors
Tel.: 0046-573-21024
Fax: 0046-573-21024

Leinenweberei Klässbol
Damastvägen 5
S – 67195 Klässbol
Tel.: 0046-570-460408
Website: www.klassbols-linne.se

Nagelschmiede Älgå
Arvika Turistbyrå
Tel.: 0046-570-25010

Kunsthandwerkmuseum im Geburtshof von Christian Eriksson
Rackstad Museet
Kungsvägen 11
S – 67141 Arvika
Tel.: 0046-0570-809 90
Fax: 0046-570-84080
Website:
www.rackstadmuseet.s.se
E-Mail: rackstadmuseet@arvika.mail.telia.com

Schanze von Eda
Normavägen 2
S – 67040 Åmotsfors
Tel.: 0046-570-25010

Häfen:

Dalslands Kanal
Kyrkogatan 14
S – 66231 Åmål
Tel.: 0046-532-10466
Fax: 0046-532-10477
Website:
www.dalslandskanal.se

Ed
Tel.: 0046-534-61705

Nössemark
Tel.: 0046-534-30118

Lennartsfors
Tel.: 0046-573-30156

Töcksfors
Tel.: 0046-573-21022

Östervallskog
Tel.: 0046-70-5160064

Restaurants:

Strands Gästgiveri
Nössemark
S – 66891 Ed
Tel.: 0046-534-30010

Viktoria Gränshotell
Sveavägen 50
S – 67010 Töcksfors
Tel.: 0046-573-21500

Kaffestugan
Sveavägen 20
S – 67010 Töcksfors
Tel.: 0046-573-21003

Nordmarkens Värdshus
Älverudsvägen 1
S – 67010 Töcksfors
Tel.: 0046-573-29005

SCHWEDEN: GÖTA KANAL I

Die längste Treppe des Göta Kanals und immer wieder ein beliebtes Fotomotiv: Die Schleuse »Carl Johan« in Berg.

SCHWEDENS BLAUES BAND

Durch alte Eichenwälder schlängelt sich der Kanal in verwirrenden Windungen. Unversehens verlässt er sein enges Bett und ergießt sich in einen endlos scheinenden See, um nach dessen Durchquerung wieder einzutauchen in schilfbestandene Ufer. Tiefhängende Zweige von Erlen und Birken streifen das Boot und verstecken in ihrem Unterholz die Nester von Enten und Blesshühnern. Die typischen weißen Kirchen Götlands erinnern Sie mit freundlichem Glockengeläut daran, dass Sie nicht der einzige Mensch in ganz Schweden sind – auch wenn es Ihnen im Moment so scheinen mag.

Das größte Bauwerk Schwedens, der Göta Kanal, ist der einzige Kanal, auf dem man ein Land in seiner gesamten Breite durchqueren kann. Er verbindet Göteborg am Kattegat mit der schwedischen Hauptstadt Stockholm an der Ostsee. Die Gesamtlänge dieses Wasserweges beträgt 560 Kilometer, wovon der Kanal selbst nur einen Anteil von gut 190 Kilometern hat. Der Rest setzt sich zusammen aus Flüssen, großen und kleinen Seen und der Schärenküste vor Stockholm. Der Niveauunterschied von 91,5 Metern, der

Tour-Daten

Charakter: Auf dem Göta Kanal können Sie Schweden in seiner ganzen Breite durchqueren. Er wurde zu einer der bekanntesten und meistbesuchten Touristenattraktionen des Landes, und obwohl in den Sommermonaten rund 6000 Boote auf diesem Kanal verkehren, werden Sie sich auf manchen Streckenabschnitten fühlen wie der einzige Mensch im ganzen Land...

Wasserstraße: Göta Kanal

Strecke: Mem–Motala

Dauer: 1 Woche

Länge: 92,2 km

Anzahl der Schleusen: 37

Größter Tiefgang: 2,80 m

Größte Höhe: 22,00 m

zwischen Göteborg und Stockholm zu überwinden ist, wird von insgesamt 65 Schleusen bewerkstelligt.

Der eigentliche Göta Kanal erstreckt sich von Mem an der Ostsee bis nach Sjötorp am Vänern-See. Schon im 16. Jahrhundert gab es Pläne, auf dieser Strecke einen Kanal zu verwirklichen, doch erst Baltzar von Platen, Seeoffizier und Staatsrat, schaffte es, im Jahr 1810 von König Karl XIII. das Privileg zum Kanalbau zu erhalten. Er engagierte den besten Kanalbauer Europas, den Schotten Thomas Telford, und begann im Mai

1810 mit 58 000 zugeteilten Regimentssoldaten die Arbeit. Ihre Zahl erhöhte sich im Laufe der 22 Jahre Bauzeit durch russische Kriegsgefangene und private Arbeiter auf 60 000. In Handarbeit und mit blechbeschlagenen Holzspaten leisteten diese Männer insgesamt rund sieben Millionen Tagwerke zu je zwölf Stunden. 1822 gründete von Platen in Motala die »Motala Verkstad«, um benötigte Geräte und technische Hilfsmittel selbst herstellen zu können. Die Werkstätten entwickelten sich im Laufe der Jahre zur Wiege der schwedischen Maschinenbauindustrie. Noch heute sind die alten Gebäude in Motala zu besichtigen. Baltzar von Platen erlebte leider die Einweihung seines Meisterwerkes nicht mehr: Drei Jahre zuvor, im Jahr 1829, verstarb er. Mit großer Pracht und zahlreichen Feierlichkeiten wurde der Göta Kanal am 26. September 1832 von König Karl XIV. in Mem eingeweiht.

Die weitere Geschichte des Kanals gleicht denen fast aller anderen Kanäle: Im 19. Jahrhundert besaß er größte Bedeutung als Transportweg für Waren und Menschen. Die langfristige Bedeutung, die von Platen vorausgesagt hatte, wurde von der Erfindung der Eisenbahn und spä-

ter dem Lastwagenverkehr zunichte gemacht.

Heute wird der Kanal in den Sommermonaten von fast 6000 Booten befahren. Dieses hohe Aufkommen macht eine genaue Regelung des Verkehrs nötig. Alle Schleusen der Strecke sind bemannt, und die Weisungen der Kanalwärter sollten Sie unbedingt befolgen! Fahren Sie z.B. niemals in eine offene Schleuse ein, wenn der Kanalwärter Ihnen kein Freizeichen gibt – die Schleuse könnte für ein Passagierschiff reserviert sein. Passagierschiffe haben darüber hinaus in jeder Verkehrssituation Vorfahrt vor Freizeitbooten. In engeren Kanalabschnitten sind eigens Ausweichstellen eingerichtet, die das Passieren erleichtern. Eine solch umfassende »Betreuung« macht es auch dem Anfänger in Sachen Hausboot leicht, die Reise auf dem Göta Kanal von Anfang bis Ende unbeschwert zu genießen.

Mem

Bis Söderköping: 5,7 km, 2 Schleusen (»Tegelbruket«, »Söderköping«)
Der kleine Hafen von Mem ist der Startpunkt Ihrer Reise. Die erste Schleuse des Göta Kanals

Das Lagerhaus in Mem, wo einst König Karl XIV. den Göta Kanal einweihte.

zur Ostsee hin (die Sie nicht befahren müssen) dient in erster Linie dazu, das Salz- vom Süßwasser zu trennen. Besuchen Sie sie trotzdem, denn an dieser Stelle wurde am 26. September 1832 der Kanal von König Karl XIV. mit großen Feierlichkeiten eingeweiht. Das eigens zu diesem Zweck erbaute Lagerhaus ist originalgetreu renoviert worden, in ihm befinden sich heute eine Jugendherberge, ein Café und ein kleiner Supermarkt.

Sollten Sie vergessen haben, genügend Lesestoff für Ihre Reise einzupacken, können Sie einen besonders liebevollen Service der Göta Kanalgesellschaft nutzen: Sie betreibt bei den Schleusen Mem und Sjötorp eine eigene Bücherei. Leihen Sie sich dort ein Buch aus und geben Sie es am Ende Ihrer Reise beim Schleusenwärter in Sjötorp oder Mem wieder ab.

Bevor Sie aufbrechen, machen Sie unbedingt noch einen Abstecher an die Slätbacken-Bucht, die den letzten Zipfel der Ostsee vor dem Göta Kanal bildet. Direkt am Ufer der Bucht wurde im 13. Jahrhundert die Wehranlage »Stegeborg« errichtet. Johan III. verwandelte die strenge Festung 1590 in einen der schönsten Renaissance-Paläste Schwedens.

Die St.-Anna-Schären sind ein riesiges Naturschutzgebiet vor der Küste Schwedens und erstrecken sich bis in die Slätbacken-Bucht. Tausende kleinerer und größerer Inseln mit seltener

Flora von farbenprächtigen Orchideen bis hin zu unscheinbaren Flechten warten auf Ihren Besuch. Das Schärenmuseum im Ortsteil St.-Anna-Tyrislöt erzählt vom Leben auf den Schären gestern und heute.

Söderköping

Bis Norsholm: 22,1 km,
12 Schleusen (»Untere + obere
Duvkullen«, »Untere + obere
Mariehov«, »Untere + obere
Carlsborg«, »Klämman«,
»Hulta«, »Bråttom«,
»Norsholm«)

Ein guter Ort, um alle »lebenswichtigen« Dinge zu erledigen, ist Söderköping: Nur 500 Meter vom Hafen entfernt befindet sich schon die Innenstadt mit zahlreichen Supermärkten, Banken und Apotheken. Beginnen Sie Ihren Rundgang durch Söderköping mit der Erklimmung des Ramunderbergs. Er erhebt sich 73 Meter hoch über dem Göta Kanal und bietet eine phantastische Aussicht über die Stadt und den Kanal. Der Sage nach lebte hier in grauer Vorzeit der Riese Ramunder, der dem Berg den Namen gab.

Hinab vom Berg und hinein in die quirlige Sommerstadt Söderköping: Der Kanalhafen und die Schleuse sind während der Saison das Zentrum für viele Veranstaltungen und Konzerte. Die engen Gässchen der Altstadt, mit Kopfsteinen gepflastert und von niedrigen Häusern gesäumt, umgeben den Besucher mit einem mittelalterlichen Flair.

Das herausragendste Gebäude der Stadt, das Sie sicherlich schon von der Höhe des Ramunderberges aus gesehen haben, ist das Rathaus. Erbaut im Jahre 1777, diente es bis 1973 als Sitz der Verwaltung.

Etwas außerhalb der Stadt liegen »Jämjöborg« und »Onsten«, zwei für Götland typische Fluchtburgen. Zu Zeiten der Völkerwanderung (400–550 n.Chr.), entstanden hier befestigte Zufluchtsorte für die Landbevölkerung, die aber auch in Friedenszeiten als Wohnsitz genutzt wurden.

Söderköping besitzt eine eigene Heilquelle, »Söderköpings Brunn«. 1775 erhielt sie ihre Privilegien von König Gustav III., der die Quelle besuchte. Mit der Einführung von Dr. Lagbergs Kaltwasserkur im Jahr 1842 gewann sie weitere Popularität und entwickelte sich zum mondänen Kurort der damaligen Zeit. Die Anlage ist in weiten Teilen bis heute gut erhalten und dient nun als Restaurant und Hotel.

Nur wenige Kilometer nach der Schleuse »Klämman« fahren Sie in den Asplång-See ein, ein lang gestrecktes Gewässer mit dicht bewaldeten Ufern. Halten Sie Ihren Fotoapparat immer griffbereit, denn der See ist ein beliebter Aufenthaltsort für die majestätischen Elche!

Norsholm

Bis Berg: 27 km, 7 Schleusen (»Carl Johan«)
Kurz vor Norsholm, an der Schleuse Bråttom, sollten Sie einen kleinen Zwischenstopp einlegen: Der »Bråttom Kiosk« ist nicht nur das, was sein Name vermuten lässt, sondern bietet darüber hinaus auch Übernachtungen in der alten Waschhütte und der Scheune an. Im ehemaligen Getreidespeicher kann man die Eier der freilaufenden Hühner kaufen oder hausgemachten Saft, selbstgemachte Marmelade und von der Schleusenwärterin und Kioskbesitzerin eigenhändig bemaltes Porzellan. Falls Ihnen dieses Angebot trotz aller Reichhaltigkeit und Skurrilität zu klein ist, machen Sie im Hafen von Norsholm fest. In dem kleinen Örtchen gibt es in bequemer Nähe zum Hafen alles, was Ihr Herz begehrt.

Schleusen wie vor 100 Jahren: Die hölzernen Tore werden geflutet.

Die gesamten 27 Kilometer dieser Etappe führen Sie über den See Roxen. Suchen Sie sich am Südufer eine stille Bucht inmitten der Vielzahl kleiner Inselchen und legen Sie eine Badepause ein. Frisch erholt geht es dann kurz vor Berg in die imposante siebenstufige Schleusentreppe »Carl Johan«.

Berg

Bis Borensberg: 21 km, 9 Schleusen (»Oscar«, »Berg«,

99

»Brunnby«, »Heda«, »Borensberg«), 2 Aquädukte
Der kleine Ort Berg hat gleich zwei Häfen zu bieten, die beide mit besten Versorgungsmöglichkeiten ausgestattet sind. Im Sommer ist es allerdings wahrscheinlicher, dass Sie im »Nedre Berg« einen Platz finden, denn er hat vier Mal so viele Liegeplätze wie »Övre Berg«.

Gleich südlich von Berg liegt »Vreta Kloster«, das vermutlich erste Nonnenkloster Schwedens aus dem 12. Jahrhundert. Es verlor an Bedeutung, als das Kloster der Heiligen Birgitta in Vadstena gegründet wurde. Vom Kloster selbst sind leider nur noch Ruinen zu sehen, aber die Klosterkirche (restauriert 1914–1916) wird noch heute von der Gemeinde benutzt.

Ihre weitere Reise führt Sie über das erste Aquädukt des Göta Kanals. Das Bauwerk bei Ljungsbro aus dem Jahr 1970 führt den Kanal über die Autobahn.

Sobald Sie Ljungsbro hinter sich gelassen haben, sollten Sie sich einen Platz zum Festmachen am Anleger von Skarpåsen am Südufer des Kanals suchen. Äußerst sehenswert ist das noch aus der Bauzeit des Kanals stammende Entwässerungssystem. Frühjahrshochwasser und die allgegenwärtigen Bäche und Flüsslein erschwerten das Regulieren des Wasserstandes im Kanal. So wurde ein beeindruckendes System von Abwasserkanälen und Seitengräben unter dem Kanal geschaffen. Die gemauerten, manchmal mannshohen Gräben leiten noch heute das überschüssige Wasser zu anderen Flüssen ab.

Kurz vor Borensberg überqueren Sie das zweite Aquädukt, das 1993 erbaut wurde.

Bevor Sie in den Gasthafen von Borensberg einfahren, kommen Sie in den Genuss, eine der wenigen alten, von Seilwinden betriebenen Schleusen zu befahren. Im Schleusenwärterhäuschen ist zudem eine Heimatausstellung untergebracht.

Borensberg

Bis Motala: 16,4 km, 6 Schleusen (»Borenshult«, »Motala«)
Sie legen im Gasthafen von Borensberg an, der Ihnen in Fußweite alles bietet, was das Skipperherz begehrt: Diesel, Supermarkt, Sanitärräume, Entsorgungseinrichtungen, kleine Restaurants, ein Spirituosengeschäft, das Touristenbüro... Sollte Ihnen jedoch der Sinn danach stehen, mal wieder eine Nacht ohne schwankende Planken

Zeugen der meisterlichen Ingenieurs-Kunst: Historische Rollbrücke am Kanal.

unter sich zu verbringen, mieten Sie sich im berühmten »Göta Hotell« ein. Das für Götland typische rostrote Holzhaus mit seinen freundlichen weißen Einfassungen besticht durch seine Lage direkt am Kanalufer und ein vorzügliches Restaurant.

Die größte Sehenswürdigkeit von Borensberg ist unbestreitbar die Glashütte aus dem Jahr 1900. Bemerkenswert ist sie vor allem auch deshalb, weil der Betrieb schon lange, bevor es in Mode kam, »alternativ« betrieben wurde: 1932 übernahmen die Arbeiter in Eigenregie die Flaschenproduktion und betrieben die Glashütte bis 1952 im Kollektiv. Die Gebäude sind liebevoll restauriert worden und werden heute u.a. als Jugendherberge genutzt.

Besondere Aufmerksamkeit verlangen auch die jungen Bäumchen auf dem Gelände der Glashütte: Im Jahr 2001 stattete die königliche Familie Borensberg und dem Göta Kanal einen Besuch ab, und jedes Mitglied pflanzte hier seinen eigenen »Königsbaum«.

Schweden ist ein Land, in dem »Naturschutz« ganz groß geschrieben wird. So verwundert es auch nicht, dass die Göta-Kanalgesellschaft eine eigene Schafherde angeschafft hat, um die Uferbewachsung auf natürliche Weise zu pflegen. Angeführt werden die 28 Schafe vom Schafsbock Thomas Telford, benannt nach dem schottischen Kanalbau-Ingenieur.

Die letzten Kilometer Ihrer Reise führen Sie quer durch den Boren-See. Nehmen Sie sich für seine Durchquerung genügend Zeit, denn die leicht sumpfigen Ufer locken mit seltener Fauna und Flora. Einige zusätzliche Stunden sollten Sie einplanen für den Besuch der schwimmenden Sauna bei der Schleusentreppe Borenshult. Halten Sie einfach an, machen Sie Feuer und nehmen Sie anschließend ein erfrischendes Bad im Boren-See. Bezahlt wird ganz unkompliziert beim nächsten Schleusenwärter.

Motala

In einem der größten und komfortabelsten Häfen des gesamten Göta Kanals endet Ihre Reise. Die Stadt am Ufer des Vättern-Sees war zwar schon vor vielen Jahrhunderten besiedelt, doch in ihrer heute bekannten Fächerform wurde sie erst zu Beginn des 19. Jahrhunderts von Baltzar von Platen, dem Erbauer des Göta Kanals, angelegt. Beginnen Sie mit einer Stadtführung durch die historische Altstadt von Motala, die Ihnen die ruhmreiche Geschichte der Stadt an-

schaulich nahe bringt. Auf dem Gelände der »Motala Verkstad«, die 1822 von Baltzar von Platen eröffnet wurde, sind heute eine Lokwerkstatt und Museumswohnungen der Arbeiter aus dem 19. Jahrhundert zu besichtigen. Da Motala als Wiege der schwedischen Maschinenbauindustrie gilt, ist es geradezu logisch, dass hier auch das »Motormuseum« angesiedelt ist: Historische Autos und Motorräder lassen das Herz eines jeden Motorsportfans höher schlagen. Runden Sie Ihre Reise in die Glanzzeiten des Automobils ab mit einem Milchshake im Museumscafé, das ganz im Stil der fünfziger Jahre eingerichtet ist. Für die Freunde der schönen Künste ist ein Besuch im »Charlottenborgs slott« ein Muss: Das Schloss aus dem 17. Jahrhundert beherbergt schwedische und internationale Kunstwerke aus mehreren Jahrhunderten. Auch eine der größten Miniaturwelten Schwedens ist hier ausgestellt. Beenden Sie Ihre Reise mit einem beschaulichen Spaziergang an den Ufern des Vättern-Sees. Kehren Sie ein in eines der idyllischen Gasthäuser und probieren Sie eine regionale Köstlichkeit: Geräucherter Vättern-Saibling mit hausgemachter Rogensoße.

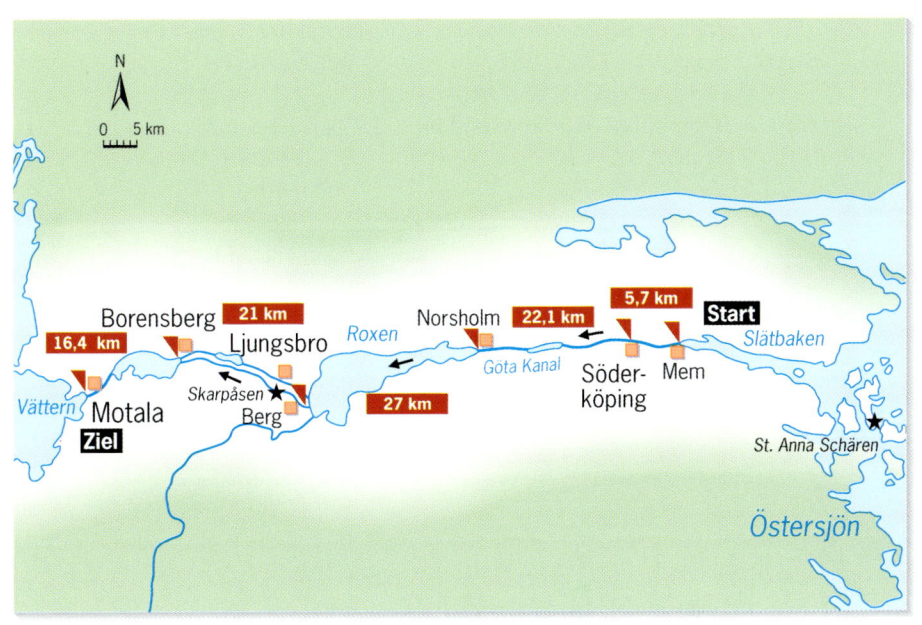

Adressen

Touristische Informationen:

Västsvenska Turistrådet
Kungsportsavenyn 31-35
5 vån
S – 41136 Göteborg
Tel.: 0046-31-818300
Fax: 0046-31-818301
Website: www.vastsvenskatu-
ristradet.se
E-Mail: info@vastsvenskatu-
ristradet.se

Borensberg Turistbyrå
Skänningevägen 4

S – 59030 Borensberg
Tel.: 0046-141-225874
Website: www.motala.se

Motala Turistbyrå
Folkets Hus
Repslagaregatan 1
Box 253
S – 59123 Motala
Tel.: 0046-141-225254
Fax: 0046-141-52103
Website: www.motala.se
E-Mail: turistbyran@motala.se

Söderköpings Turistbyrå
Margaretagatan 19
S – 61480 Söderköping

Tel.: 0046-121-18160
Fax: 0046-121-15833
Website: www.soderkoping.se
E-Mail: turistbyran@soderko-
ping.se

St. Anna Turiststuga
Gränsö, Norra Finnö
S – 61498 St. Anna
Tel.: 0046-121-51488
Fax: 0046-121-51408
Website: www.sanktanna.com
E-Mail: turist@sanktanna.com

Sehenswürdigkeiten:

Vandrarhemmet (Lagerhaus ^
in Mem)
Kanalmagasinet Mem AB
Hamnmagasinet
S – 61492 Mem
Tel.: 0046-121-27045

St.-Anna-Schärenmuseum
Tyrislöt
S – 61498 St. Anna
Tel.: 0046-121-50121
Fax: 0046-121-51408

Söderköpings Brunn
Skönbergagatan 35, Box 44
S – 61421 Söderköping
Tel.: 0046-121-10900

Schleuse Bråttom
Kiosk und Bed & Breakfast
Brådtom Sluss

S – 61021 Norsholm
Tel.: 0046-11-55055

Vreta Kloster
S – 59076 Vreta Kloster
Tel.: 0046-13-63658

Glashütte Borensberg
Ga. Glasbruket
S – 59031 Borensberg
Tel.: 0046-141-40820

Charlottenborgs slott
S – 59146 Motala
Tel.: 0046-141-233591

Motala Motormuseum
Hamnen
Box 54
S – 59121 Motala
Tel.: 0046-141-58888
Fax: 0046-141-210883
Website: www.motala-motor-
museum.se
E-Mail:
motormuseum@telia.com

Häfen:

AB Göta kanalbolag
Box 3
S – 59121 Motala
Tel.: 0046-141-202050
Fax: 0046-141-215550
Website: www.gotakanal.se
E-Mail: info@gotakanal.se

Mem
Tel.: 0046-141-202050

Söderköping
Tel.: 0046-141-202050

Klevbrinken
Tel.: 0046-141-202050

Norsholm
Tel.: 0046-141-202050

Övre Berg
Tel.: 0046-141-202050

Nedre Berg
Tel.: 0046-141-202050

Borensberg
Tel.: 0046-141-202050

Motala
Tel.: 0046-141-202050

Restaurants:

Vandrarhemmet (Lagerhaus ^
in Mem)
Kanalmagasinet Mem AB
Hamnmagasinet
S – 61492 Mem
Tel.: 0046-121-27045

Stegeborgsgården
S – 61498 St. Anna
Tel.: 0046-121-51062

Österns Stjärna
Agatan 21
S – 61434 Söderköping
Tel.: 0046-121-13444

Göta Källare
Bergsvägen 3
S – 61434 Söderköping
Tel.: 0046-121-15655

Borensberg Gästgivaregård
Husbyvägen 4
S – 59030 Borensberg
Tel.: 0046-141-40161
(Außengastronomie am Kanal)

Sjöbris
Folkets Hus
S – Motala
Tel.: 0046-141-48054

Medevi Brunn
S – 59197 Motala
Tel.: 0046-141-91560
(Kurbad aus dem 17. Jahr-
hundert)

Berggrens Källare
Verkstadsvägen 91
S – 59146 Motala
Tel.: 0046-141-58854

SCHWEDEN: GÖTA KANAL II

Stimmungsvolles Ende einer erlebnisreichen Woche: Sonnenuntergang über dem Vättern-See.

EIN FEST FÜR ALLE SINNE

Durch schmale Fahrrinnen tuckert Ihr Boot, tief hängende Zweige streifen die Aufbauten. Unvermittelt lichtet sich der Wald und gibt den Blick frei auf eine Wasserfläche, die sich bis zum Horizont erstreckt. Grenzenlose Weite, nichts stört das über den See schweifende Auge. Am Ende des Sees eine Schleuse, die wieder in den Kanal führt. Beim leuchtend gelben Schleusenwärterhäuschen wartet ein herzlicher Empfang auf Sie: Kaffee und süßer Kuchen, ein Kinderkarussell, Tanz und Vergnügen bis in die späte Nacht hinein. Selbst schuld, wer nicht die Nacht über am Anleger der Schleuse bleibt und den Morgen mit einem reichhaltigen Smörgåsbord im Schleusencafé beginnt!

Vor wenigen Jahren erhielt der Göta Kanal die Auszeichnung »Schwedens Jahrtausendbauwerk«, und, fast noch ehrenvoller, den Preis »International Historic Civil Engineering Landmark«. Nur 25 historische Bauwerke haben diesen Preis bisher erhalten, u.a. der Eiffelturm, die Golden Gate Bridge, die Freiheitsstatue und der Panamakanal. Selbstredend setzen alle mit dem Kanal beschäftigten Personen und Einrichtungen ihren

Tour-Daten

Charakter: Schmale Fahrrinnen unter tief hängenden Zweigen im Wechsel mit den weiten Wasserflächen mehr oder weniger großer Seen: Auf dieser Route finden Sie Stille und Natur, Sie tauchen aber auch ein in die Geschichte des Landes, hier gegenwärtig in Gestalt des Göta Kanals, des schwedischen »Jahrtausendbauwerks«, und der auf ihm verkehrenden historischen Passagierschiffe.

Wasserstraße: Göta Kanal
Strecke: Motala–Sjötorp
Dauer: 1 Woche
Länge: 97,8 km
Anzahl der Schleusen: 21
Größter Tiefgang: 2,80 m
Größte Höhe: 22,00 m

Ehrgeiz darein, diesen Auszeichnungen gerecht zu werden. Baltzar von Platen könnte bedenkenlos jederzeit auf die Erde zurückkommen – er hätte keinerlei Schwierigkeiten, sein spektakuläres Bauwerk wieder zu erkennen, für das in den Jahren 1810–1832 insgesamt 8 Millionen Kubikmeter Erde von Hand ausgehoben und 200 000 Kubikmeter Felsgestein gesprengt wurden. Obwohl die meisten Schleusen heute automatisiert sind, sind die ursprünglichen, dicken Holztore noch erhalten. Zahlreiche der alten Rollbrücken sind ebenfalls heute noch in Betrieb, genau wie im 19. Jahrhundert. Auch die Natursteinmauern des Kanals und die idyllischen Häuschen der Schleusenwärter sind liebevoll restauriert worden. Den Sommer über finden an fast jeder Schleuse am Kanal Veranstaltungen für die Touristen statt: Cafés und Kunsthandwerksmärkte, Sommertheater und Konzerte, geführte Touren auf dem Pferderücken oder per Drahtesel – Langeweile hat am Göta Kanal keine Chance!

Das unbestreitbare historische Highlight aber sind die drei alten Dampfer »Juno« (1874), »Wilhelm Tham« (1912) und »Diana« (1931), die noch heute im Linienverkehr zwischen Göteborg und Stockholm pendeln. Im Laufe der Jahre wurden die Schiffe restauriert. Sicherlich werden auch Sie auf Ihrer Reise der »Juno« oder der »Diana« begegnen – halten Sie Ihren Fotoapparat griffbereit, denn kaum ein Motiv beschreibt den Göta Kanal treffender als diese Oldtimer, die seit vielen Jahrzehnten unverdrossen ihren Dienst tun.

Die im Folgenden beschriebene Tour bietet sich als Verlängerung der vorherigen Tour an. Sie befahren hier den westlichen Teil des Göta Kanals, der zwei der größten Städte Schwedens miteinander verbindet: Göteborg im Westen und Stockholm, die Hauptstadt des Landes, im Osten. Allerdings bildet der Göta Kanal nur ein kurzes Stück dieser grandiosen Ost-West-Verbindung: Der größte Teil der 560 Kilometer langen Strecke verläuft durch die großen Binnenseen Schwedens und die Schärenküste bei Stockholm. Die letzte Etappe hinunter nach Göteborg wird vom Trollhätte Kanal gebildet, der im Anschluss an diese Tour beschrieben ist. Der Vänern-See, Endpunkt der folgenden Reise, führt Sie an seinem Westufer bei Köpmannebro hinein in das System des Dalslands Kanals – auch dies eine gute Möglichkeit, Ihre Ferien zu verlängern.

Motala

Bis Karlsborg: 32,5 km
Beginnen Sie Ihre Reise in der heimlichen Hauptstadt des Göta Kanals. Ihr heutiges Aussehen verdankt sie dem Erbauer des Kanals, Baltzar von Platen, der hier im Jahre 1922 die »Motala Verkstad« eröffnete und die Straßenzüge in Fächerform um diese herum anordnete.

Gleich beim Hafen, der keinen Skipper-Wunsch offen lässt,

liegt das Kanal- und Seefahrts-
museum von Motala. Nicht nur
die Geschichte des Göta Kanals
wird hier anschaulich darge-
stellt; an einem Modell einer typischen Kanalschleuse können
Sie selbst Ihre Fähigkeiten als
Schleusenwärter überprüfen.

Die Provinz Götland gehört zu
den Gegenden Schwedens, in
denen die meisten prähistori-
schen Relikte zu finden sind.
Ganz in der Nähe Motalas, im
Dörfchen Västra Stenby an der
Straße 32 nach Mjölby, finden
Sie auf dem Friedhof der Dorfkirche den »Kälvestenen«,
Schwedens ältesten erhaltenen
Runenstein. Bereits zur Zeit um
Christi Geburt stellte man in
Schweden Steine auf, deren In-
schriften von Beerdigungsritua-
len und später von Wikinger-
fahrten berichteten. Der Kälve-
stein stammt aus dem 9. Jahrhundert und wurde, was sehr un-
gewöhnlich ist, von zwei Männern geritzt. Auf dem Rückweg
nach Motala halten Sie in Ekebyborna an und besichtigen die
»Ekebyborna kyrka«, ein Kleinod aus dem Mittelalter.

Nach all der Kultur gönnen Sie
sich vor dem Start Ihrer Reise
noch eine Auszeit im »Medevi
Brunn«, einem der ältesten Kur-
orte Schwedens. Das Bad wurde
Ende des 17. Jahrhunderts von

Die »Grande Dame« des Göta Kanals:
Seit 1931 dampft die MS »Diana« von
Göteborg nach Stockholm.

dem Arzt Urban Hjärne gegründet und beherbergt in seinen liebevoll restaurierten Räumen
heute neben einem Museum des
Kurbades ein Hotel und ein vorzügliches Restaurant.

Legen Sie nun ab und nehmen
Sie Kurs auf den Vättern-See,
den zweitgrößten See Schwedens. Für seine Überquerung in
Richtung Osten sollten Sie sich
ein wenig Zeit nehmen und die
Angelrute bereithalten: Der Vättern-See ist für seinen Fischreichtum bekannt.

Ebenfalls sollten Sie einen Ausflug in Richtung Süden unternehmen, in die »Birgitta-Stadt«
Vadstena. Ab dem 14. Jahrhundert begann die Stadt um das
Kloster der heiligen Birgitta

109

Selten liegt ein Bootshafen majestätischer als der zu Füßen der Klosterkirche in Vadstena.

herum zu wachsen. Noch heute ist Vadstena ein kulturelles und geistiges Zentrum Westschwedens. Schlendern Sie durch die idyllische Altstadt mit ihren typischen, niedrigen Holzhäuschen. In zahlreichen kleinen Lädchen wird die berühmte »Vadstenaspitze« angeboten, die ihrer »großen Schwester«, der Brüsseler Spitze, in nichts nachsteht.

Ungefähr zehn Kirchen aus dem Mittelalter zeugen in und um Vadstena vom jahrhundertealten klerikalen Erbe. Zu ihnen gehört die »Vadstena klosterkyrka« im Zentrum der Stadt. Birgitta Birgersdotter (die heilige Birgitta) begann im Jahr 1370 mit dem Bau von Kloster und Kirche. Das schlichte Gotteshaus ist im Innern reich geschmückt mit Fresken und mittelalterlichen Statuen. Das alte Kloster war ursprünglich ein Sommerschloss eines adligen Sprößlings, bevor es im 14. Jahrhundert in den Besitz des Ordens der Birgitta überging.

Klöster beschäftigten sich traditionell nicht nur mit dem Glauben, sondern auch mit der Krankenpflege. Gleich vor den Toren der Klosterkirche finden Sie das »Hospitalsmuseet«, ein medizinhistorisches Museum, das Ihnen die entsprechenden Methoden des 18. und 19. Jahrhunderts anschaulich vor Augen führt. Vadstena beherbergt aber auch noch zahlreiche weitere außergewöhnliche Museen: Das Fischereimuseum gleich beim

Hafen zum Beispiel, das vom harten Leben der Vätternsee-Fischer erzählt. Ein anstrengendes Gewerbe ist auch die Glasbläserei. In der Glashütte »Glasbruk Vas Vitreum« können Sie den Handwerkern bei ihrer Arbeit über die Schulter sehen. Sollten Sie hier nicht das richtige Reisemitbringsel finden, versuchen Sie es im »Föreningen Svenska Spetsar«, dem Museum für schwedisches Kunsthandwerk. Der Museumsshop bietet eine reiche Auswahl an typisch schwedischen, handgearbeiteten Kunstgegenständen.

Unternehmen Sie auch einen Ausflug in die Umgebung von Vadstena: Das Naturschutzgebiet »Ombergslidens kalkkärr« ist ein Muss für alle Blumenliebhaber. Mehlprimeln, fleischfressende Pflanzen und herrliche Orchideen haben sich auf den Kalksumpfböden angesiedelt.

Karlsborg

Bis Forsvik: 7,4 km, 1 Schleuse (»Forsvik«)
Nach der gemütlichen Durchquerung des Vättern-Sees erreichen Sie an seinem Nordwestufer das malerische Städtchen Karlsborg. Das Bild der Stadt wird dominiert von der Festung,

die einen Umfang von fünf Kilometern hat. Der Gasthafen liegt leider am anderen Ende der Stadt, so dass Sie einen knapp halbstündigen Fußmarsch auf sich nehmen müssen, um das gigantische Bauwerk besichtigen zu können.

Entfliehen Sie dem sommerlichen touristischen Trubel und entspannen Sie sich im »Tivedens Nationalpark« gleich vor den Toren Karlsborgs. Markierte Wanderwege geleiten Sie durch die idyllische schwedische Natur. Besorgen Sie sich beim Karlsborgs Turistbyrå einen Angelschein, denn im Nationalpark sind zahlreiche Angelplätze ausgewiesen, an denen Sie das Angenehme mit dem Nützlichen verbinden können: Entspannung und Natur pur – und ein köstliches Abendessen.

Bei der Weiterfahrt, nun wieder auf dem Göta Kanal, passieren Sie die älteste Schleuse des Kanals, die Schleuse »Forsvik«, die noch mit den originalen Holztoren bedient wird. Auch die älteste Eisenbrücke aus dem Jahr 1813 befindet sich hier.

Forsvik

Bis Töreboda: 32 km,
1 Schleuse (»Tåtorp«)

SCHWEDEN: GÖTA KANAL II

Forsvik gilt als eines der am besten erhaltenen lebendigen Industriemuseen Schwedens. Hier wird seit fast 600 Jahren Eisen geschmiedet, Mehl gemahlen und Holz gesägt. Eine Wanderung durch Forsvik ist wie eine Wanderung durch die Jahrhunderte. Folgen Sie dem ausgeschilderten Weg durch das Städtchen und erleben Sie einen Schmied oder einen Müller bei seiner Arbeit.

In der Werft von Forsvik wird zurzeit an der Rekonstruktion des Raddampfers »Eric Nordevall II« gearbeitet, der im Jahre 1856 im Vättern-See gesunken ist. Der neue Schaufelraddampfer soll im Jahr 2003 vom Stapel laufen.

Sie durchqueren nun einen weiteren See, den Viken-See. An seinem Ende können Sie noch vor der Schleuse am Anleger Tåtorp festmachen; wir empfehlen Ihnen jedoch, noch ein wenig weiterzufahren und die schwimmende Holzsauna im Göta Kanal zu besuchen. Dies ist die zweite ihrer Art im Kanal (s. vorhergehende Tour), und beide erfreuen sich großen Zuspruchs. Sie können einfach anlegen, Feuer machen, saunen und im Kanal baden – bezahlt wird beim nächsten Schleusenwärter. Mit »Vassbacken« erreichen Sie kurz darauf den idyllischsten Gasthafen auf der Västgöta-Seite des Kanals. Der Hafen besitzt ein kleines Café, von dem aus Sie in aller Ruhe dem bunten Treiben zuschauen können.

Töreboda

Bis Lyrestad: 16 km, 11 Schleusen (»Obere Hajstorp«, »Untere Hajstorp«, »Riksberg«, »Godhögen«, »Obere Norrkvarn«, »Untere Norrkvarn«)

Trotz der vielen Schleusen geht Ihre Reise gemütlich weiter. Der Gasthafen von Töreboda mit seinen zahlreichen Einrichtungen von Tankstelle über Cafés bis hin zu einem kleinen Lebensmittelladen ist ein guter Ausgangspunkt, um das kleine Städtchen zu erkunden. Erst im Sommer erwacht es zu quirligem Leben, denn Töreboda ist ein Knotenpunkt für alle möglichen Verkehrsverbindungen. Unter anderem verkehrt hier die kleinste Fähre Schwedens über den Kanal – die Reise dauert nicht einmal eine Minute von Ufer zu Ufer. Eine sehr schöne Art, die zauberhafte hügelige schwedische Landschaft zu erkunden, ist ein Ritt auf Islandponys. Ab vier Personen können Sie auch einen Planwagen mieten und zu den besten Bade- und Angelplätzen kutschieren.

Lyrestad

Bis Sjötorp: 10 km, 8 Schleusen (»Sjötorp 1–8«)
Baltzar von Platen hatte eigentlich gehofft, dass Lyrestad einmal zu einer großen Stadt heranwachsen würde. So ist es nicht verwunderlich, dass ein solch kleines Örtchen einen derart großen und gut ausgestatteten Hafen besitzt. Im ehemaligen Hafenmagazin ist heute ein Heimatmuseum untergebracht.

Sjötorp

Am östlichen Ufer des Vänern-Sees, dem größten See Schwedens, endet Ihre Reise im beschaulichen Städtchen Sjötorp. Da der Vänern-See nicht nur der größte, sondern unter Bootsfahrern auch der beliebteste See Schwedens ist, können Sie hier gleich zwischen zwei Gasthäfen wählen: Dem »Övre Sjötorp« und dem »Nedre Sjötorp«. Insgesamt verfügen die beiden Häfen über knapp 100 Liegeplätze für Gästeboote.
Seine Lage am Wasser ist sicher nicht ganz unschuldig daran,

Die handbetriebenen Schleusen sind eines der typischsten Bilder am Göta Kanal.

dass die größte Sehenswürdigkeit von Sjötorp sein Kanalmuseum ist. Aus dem Blickwinkel der Werft Sjötorp wird hier die Geschichte des Kanals und der Seefahrt auf dem Vänern-See geschildert. Eine Wrack- und Motorenausstellung rundet das Angebot des Museums ab.
Runden auch Sie Ihren Urlaub ab mit einem ausgiebigen Spaziergang an den Ufern des Vänern-Sees und planen Sie angesichts der unermesslichen Weite des Wassers schon einmal Ihren nächsten Urlaub mit dem Hausboot in Schweden!

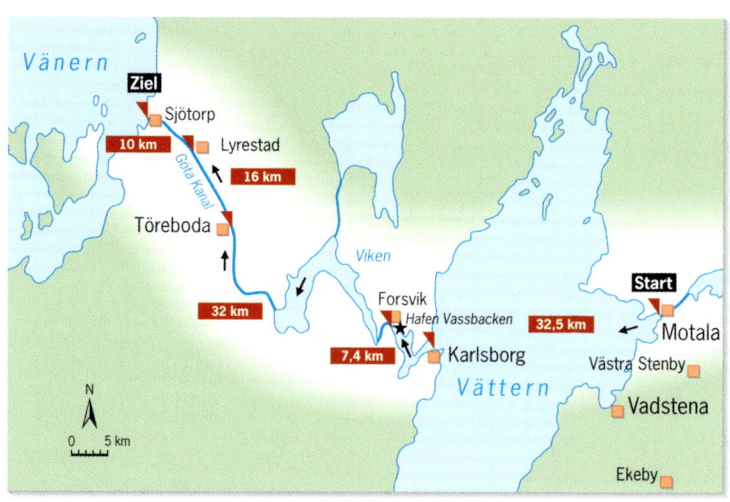

Adressen

Touristische Informationen:

Västsvenska Turistrådet
Kungsportsavenyn 31-35
5 vån
S – 41136 Göteborg
Tel.: 0046-31-818300
Fax: 0046-31-818301
Website: www.vastsvenskatu-
ristradet.se
E-Mail: info@vastsvenskatu-
ristradet.se

Karlsborgs Turistbyrå
Ankarvägen 2
S – 54630 Karlsborg
Tel.: 0046-505-18830
Fax: 0046-505-18839
Website: www.karlsborg.se

E-Mail: info@karlsborgsfast-
ning.se

Motala Turistbyrå
Folkets Hus
Repslagaregatan 1
Box 253
S – 59123 Motala
Tel.: 0046-141-225254
Fax: 0046-141-52103
Website: www.motala.se
E-Mail: turistbyran@motala.se

Töreboda Turistbyrå
Järnvägsstationen
S – 54521 Töreboda
Tel.: 0046-506-10130
Fax: 0046-506-12540
Website: www.toreboda.se
E-Mail: turistbyra@toreboda.se

Vadstena Turistbyrå
Vadstena Slott
S – 59280 Vadstena
Tel.: 0046-143-31570
Fax: 0046-143-31579
Website: www.vadstena.se
E-Mail: tourist@vadstena.se

Sehenswürdigkeiten:

Motala Verkstad
Verkstadsvägen 87
S – 59146 Motala
Tel.: 0046-141-225254

Ekebyborna kyrka
Ekebyborna
S – 59195 Motala

Kälvestenen
Västra Stenby
S – 59192 Motala

Brandförsvarsmuseum
Sjögatan 1
S – 59130 Motala
Tel.: 0046-141-225500

Kanal- und Seeschifffahrts-
museum
Folkets Hus
S – 59123 Motala
Tel.: 0046-141-225254

Sveriges Rundradiomuseum
Radiovägen
S – 59135 Motala
Tel.: 0046-141-52202

E-Mail: rundradiomuseeet@te-
racom.se

Medevi Brunn
S – 59197 Motala
Tel.: 0046-141-91560
(Kurbad aus dem 17. Jahr-
hundert)

Vadstena klosterkyrka
Klosterområdet
S – 59232 Vadstena
Tel.: 0046-143-31570
Fax: 0046-143-31579

Kloster der hl. Birgitta (»Gamla
klostret«)
Klosterområdet
S – 59232 Vadstena
Tel.: 0046-143-31570
Fax: 0046-143-31579

Fischereimuseum
Hamnen
S – 59293 Borghamn/Vadstena
Tel.: 0046-143-31570
Fax: 0046-143-31579

Kunsthandwerkmuseum »Före-
ningen Svenska Spetsar«
Rådhustorget 3
S – 59230 Vadstena
Tel.: 0046-143-31570
Fax: 0046-143-31579

Glashütte »Glasbruk Vas
Vitreum«
Slottsgatan 12

115

S – 59230 Vadstena
Tel.: 0046-143-13212

Hospitalsmuseet
Lastköpingsgatan
S – 59293 Vadstena
Tel.: 0046-143-31570
Fax: 0046-143-31579

Traktormuseet
S – 59293 Vadstena
Tel.: 0046-70-3999021

Spielzeugmuseum »Leksaks-
museum«
Lilla Hamnarmen
S – 59230 Vadstena
Tel.: 0046-143-29275

Naturschutzgebiet »Ombergslidens kalkkärr« und Fluchtburgen
c/o Vadstena Turistbyrå
Tel.: 0046-143-31570
Fax: 0046-143-31579

Karlsborgs Fästning AB
Ankarvägen 2
S – 54630 Karlsborg
Tel.: 0046-505-17350
Fax: 0046-505-17349
Website: www.karlsborg.se
E-Mail: info@karlsborgsfast-
ning.se

Forsviks Industriemuseum
S – 54673 Forsvik

Tel.: 0046-505-41352
Fax: 0046-505-41440

Heimatmuseum Lyrestad
Kanalvägen
S – 54873 Lyrestad
Tel.: 0046-501-50290
(altes Hafenmagazin)

Kanalmuseum
Hamnmagasinet
S – 54066 Sjötorp
Tel.: 0046-501-51201

Häfen:

AB Göta kanalbolag
Box 3
S – 59121 Motala
Tel.: 0046-141-202050
Fax: 0046-141-215550
Website: www.gotakanal.se
E-Mail: info@gotakanal.se

Motala
Tel.: 0046-141-202050

Vadstena
Tel. : 0046-141-202050

Karlsborg
Tel.: 0046-505-44759

Forsvik
Tel.: 0046-505-17350

Tåtorp
Tel.: 0046-501-51201

Vassbacken
Tel.: 0046-506-52056

Jonsboda
Tel.: 0046-501-51201

Töreboda
Tel.: 0046-506-10130

Hajstorp
Tel.: 0046-501-51201

Lyrestad
Tel.: 0046-501-51201

Övre Sjötorp
Tel.: 0046-501-51201

Nedre Sjötorp
Tel.: 0046-501-51201

Restaurants:

Sjöbris
Folkets Hus
S – Motala
Tel.: 0046-141-48054

Medevi Brunn
S – 59197 Motala
Tel.: 0046-141-91560
(Kurbad aus dem 17. Jahrhundert)

Berggrens Källare
Verkstadsvägen 91

S – 59146 Motala
Tel.: 0046-141-58854

Starby Kungsgård
Box 16
S – 59221 Vadstena
Tel.: 0046-143-75100

Hotell Wettern
Kungsgatan
S – Karlsborg
Tel.: 0046-505-10920

Kanalhotellet
Storgatan 94
S – 54633 Karlsborg
Tel.: 0046-505-12130
(Direkt am Hafen gelegen)

Lyrestads Stugby
Älvstorp
S – 54893 Lyrestad
Tel.: 0046-501-50180

Restaurang Kajutan
S – 54066 Sjötorp
Tel.: 0046-501-51480

117

SCHWEDEN: TROLLHÄTTE KANAL

Die spektakulären Wasserfälle von Trollhättan ziehen stets Hunderte von Besuchern an.

ZWISCHEN KLEINEN UND GROSSEN MEEREN

Die aufgehende Sonne weist dem Reisenden den Weg nach Osten, zum fernen Meer. Fort von Schwedens größtem Binnensee führt der Kanal, durch undurchdringbar scheinende Wälder und Hügelketten, die ganz dicht den Fluss umschließen. Vorbei an wild brausenden Wasserfällen und versteckten, urwüchsigen Biotopen geht die Reise allmählich hinab in fruchtbare Auen und Täler. Stolze Gehöfte inmitten blühender Ackerflächen führen behutsam zurück in die Zivilisation. Folgen Sie Ihrer Neugier und entdecken Sie die unscheinbar anmutenden Dörfchen: Sie erzählen erstaunliche Geschichten von vergangenen industriellen Blütezeiten. Nicht nur die Landschaft verändert sich allmählich – in der Luft liegt der erste salzige Hauch des nahen Meeres. An den Ufern der stolzen Stadt Göteborg angekommen, verführen die weiten Strände des Kattegat nicht nur zum Baden, sondern vor allem auch zum Schlemmen. Nirgendwo ist der Fisch frischer und die Anzahl der schwedischen Sterne-Restaurants größer als hier. Der Trollhätte Kanal, der den Vänern-See mit dem Kattegat verbindet, ist der östliche Teil des »Blauen Bandes« Schwe-

Tour-Daten

Charakter: Auf dieser Tour befahren Sie einen Kanal, dessen wirtschaftliche Bedeutung auch heute noch groß ist. So erleben Sie auf diesem Abschnitt ebenfalls Stille und grandiose Natur, aber insgesamt doch weniger Abgeschiedenheit als bei den bisher beschriebenen Routen.

Wasserstraße: Trollhätte Kanal

Strecke: Vänersborg–Göteborg

Dauer: 1 Woche

Länge: 82 km

Anzahl der Schleusen: 6

Größter Tiefgang: 5,40 m

Größte Höhe: 27,00 m

dens. Zusammen mit dem Göta Kanal, dem Vänern- und dem Vättern-See bildet er eine Wasserstraße, auf der das Land in seiner gesamten Breite durchquert werden kann – von Stockholm im Osten bis nach Göteborg im Westen. Die Gesamtlänge des »Blauen Bandes« beträgt 560 Kilometer, 82 Kilometer davon bildet der Trollhätte Kanal. Mit Hilfe von sechs Schleusen überwindet der Kanal auf seinem Weg zum Meer insgesamt 44 Meter Höhenunterschied.

Schifffahrt hat auf dem Göta Älv (dem Fluss Göta), der 72 Kilometer des Trollhätte Kanals bildet, eine viele Jahrhunderte alte

Tradition. Es ist überliefert, dass der norwegische König Harald Hårdråde im Sommer 1064 mit einer Flotte von 60 Kriegsschiffen den Fluss hinauf bis zum Vänern-See segelte. Die Fahrt der Wikinger wurde jedoch von den Wasserfällen bei Lilla Edet, Trollhättan und Brinkebergskulle gebremst. Bis ins 17. Jahrhundert hinein musste die Schiffsladung auf Wagen umgeladen werden, und die Schiffe selbst wurden um die Wasserfälle herum getragen oder gezogen. Schon unter Gustav Vasa gab es erste Pläne für einen Schleusenbau, doch erst König Karl IX. erteilte im Jahr 1609 Weisung, die Trollhätte-Wasserfälle mit einer Schleuse zu bezwingen. Aber es dauerte noch bis zum 18./19. Jahrhundert, bis die Bauarbeiten wirklich in Gang kamen, die mit zehn Kilometern von Hand gegrabenen und gesprengten Kanalstücken den Göta Älv zum durchgehenden Trollhätte Kanal verbinden. Im Jahr 1800 wurde die erste Schleuse bei Trollhättan fertig gestellt. Besucher bezeichneten sie als das »achte Weltwunder«, als sie sahen, mit welchem Aufwand und welcher Geschicklichkeit sich die Ingenieure durch die steilen Felsen arbeiteten. 1844 folgte die zweite und erst

1916 die dritte und vierte Schleuse der Trollhättan-Schleusentreppe, die einen Niveauunterschied von insgesamt 32 Metern überwindet.

Im Gegensatz zu vielen anderen Kanälen, die mit der Erfindung der Eisenbahn in der Bedeutungslosigkeit versanken, hat der Trollhätte Kanal seine wirtschaftliche Funktion bis heute behalten. Die Ausmaße des Kanals und seiner Bauwerke lassen es zu, dass er von Schiffen bis zu einer Länge von 88 Metern und einer Breite von 13,20 Metern befahren wird. Pro Jahr passieren etwa 6500 Berufs- und Freizeitschiffe den Trollhätte Kanal. Die intensive wirtschaftliche Nutzung hat für den Freizeitkapitän keinerlei nachteilige Wirkung, ganz im Gegenteil: Das »Sjöfartsverket«, das schwedische Schifffahrtsamt, betreibt eine eigene Abteilung für den Trollhätte Kanal, die dafür sorgt, dass sich sowohl die Wasserstraße als auch ihre Einrichtungen stets in tadellosem Zustand befinden. Des weiteren unterliegt der Kanal keinem Saisonbetrieb, Schleusen und Häfen sind ganzjährig geöffnet. Dennoch kommt auch das Naturerlebnis nicht zu kurz – die Ufer des Kanals werden sorgfältig gepflegt, und Brutstätten seltener Vögel sind gesondert ausgewiesen, so dass Sie die empfindlichen Tiere nicht versehentlich stören.

Vänersborg

Bis Trollhättan: 12 km, 1 Schleuse
Allein schon der Hafen von Vänersborg macht deutlich, dass Sie sich in einem der beliebtesten Segelreviere Schwedens befinden: Fast 100 Gastliegeplätze stehen bereit, und im äußerst peniblen schwedischen Hafen-Klassifizierungssystem hat Vänersborg in allen Sparten die höchste Auszeichnung erhalten. Lassen Sie also Ihr Boot in guten Händen zurück und erkunden Sie die kleine Stadt am Südwest-Zipfel des Vänern-Sees. Die Stadtmitte mit ihren dichtbelaubten Alleen und Uferpromenaden wird überragt von der »Vänersborg kyrka«, die in den Jahren 1783–1784 im neuklassizistischen Stil erbaut wurde. 1667 erbeuteten die Dänen eine der Kirchenglocken, die seitdem in einer Kopenhagener Kirche ihren Dienst tut. Neben der Kunsthalle und dem »Vänersborg museum« mit seiner sehenswerten Ausstellung afrikanischer Vögel beherbergt Vänersborg drei weitere außerge-

wöhnliche Museen: Im ältesten Holzhaus der Stadt (1790) finden Sie das Puppenmuseum, das die Kunst des Puppenmachens seit dem 19. Jahrhundert zeigt. Das »Västergötlands idrottshistoriska museum« ist eine Sammlung der Sternstunden der schwedischen Leichtathletik: Olympische Medaillen und Zeugnisse zahlreicher Weltrekorde sind hier zu bewundern. Das alte Vänersborger Krankenhaus von 1879 präsentiert die Geschichte der Krankenpflege und der Veterinärmedizin in Schweden. Ein Irrenhaus aus dem 19. Jahrhundert und ein Heilkräutergarten veranschaulichen die medizinische Versorgung vor 200 Jahren auf ganz besondere Art. Im Vänersborger Vorort Brålanda finden Sie die älteste Kirche Dalslands. Die »Bolstad kyrka« stammt aus dem Jahre 1175. Das Rechenschaftsbuch der Kirche für die Jahre 1451–1578 wird im Göteborger Archiv aufbewahrt und ist das älteste schwedische Dokument seiner Art. Ein wenig jünger ist die Steinkirche »Sundals Ryrs gamla kyrka« aus dem 13. Jahrhundert, die mit einer reich geschmückten Einrichtung im Stil des sog. »Bauernbarock« aufwartet. Ganz in der Nähe liegt das »Eventorps Hällristning«, eine 16 x 3 Meter große Felsmalerei. Es ist eines der bekanntesten Felsenbilder der Region und zeigt für die Provinz zum Teil einzigartige Figuren. Seine Entstehung wird in die Bronzezeit datiert.

Zwei unverwechselbare Plateau-Berge erheben sich rund 150 Meter über den Vänern-See: Der Halleberg und der Hunneberg. Am Fuße des Hallebergs liegen die Reste einer der größten Fluchtburgen Skandinaviens aus dem 5. Jahrhundert. Bei Ausgrabungen wurden im »Hästevadets Gravfält« zahlreiche Grabhügel und ein Steinring gefunden, der vermutlich als Richtplatz diente. Der Hunneberg steht ganz im Zeichen der Elche: Seit dem 16. Jahrhundert gibt es hier königliche Elchhöfe, die das Wild pflegen und vor seiner Ausrottung im 19. Jahrhundert bewahrten. Im Jahr 2000 wurde hier das »Hunneberger Museum der königlichen Jagd und des Wilds« eingeweiht. Neben den zahlreichen Informationen und Ausstellungsstücken sollten Sie den interaktiven Teil des Museums nicht verpassen: Erleben Sie die Wälder aus der Perspektive eines Elches, sehen, wittern und hören Sie wie der König des Waldes. Mit diesem Wissen werden Sie die Eindrücke der an-

schließenden Elchsafari ganz neu wahrnehmen!

Ebenfalls am Fuß des Hunneberg liegt der Pfarrhof »Västra Tunhem«, über den Carl von Linné 1749 schrieb: »Er lag wie ein irdisches Paradies an der südwestlichen Seite von Hunneberg.« Der denkmalgeschützte Pfarrhof von 1722 umfasst insgesamt 14 Gebäude – Wohnhaus, Speicher, Waschküche, Stallungen und viele andere machen ihn zu einem der vollständigsten ganz Schwedens. Zum Hof gehört auch eine Kirche, die ursprünglich aus dem 12. Jahrhundert stammt. Auf dem Friedhof ruht u.a. der Kanal- und Eisenbahningenieur Nils Ericson. Gleich nördlich des Pfarrhofs beginnt das Naturschutzgebiet »Västra Tunhem Ekdungarna«. Das Gebiet ist reich an alten Eichen; die älteste gehört zum Pfarrhof und wird auf ein Alter von 800 Jahren geschätzt.

Trollhättan

Bis Lilla Edet: 24 km,
4 Schleusen
In Trollhättan haben Sie gleich mehrere Möglichkeiten, festzumachen: Die Häfen Spikön und Åkersjön verfügen beide über eine hervorragende Infrastruktur

Die »St. Erik« auf ihrem Weg in den Hafen von Marstrand.

(Treibstoff, Lebensmittel, Sanitäreinrichtungen). Wesentlich idyllischer ist jedoch der Anleger Åkersvass (allerdings ohne Service) am Fuße der alten Schleusentreppe.

Ausgrabungen zeigen, dass die Gegend um Trollhättan schon vor 7000 Jahren besiedelt war. Im Freilichtmuseum »Forngården« gleich bei der Schleuse können neben den Ausgrabungsfunden historische Bauernkaten und Hütten besichtigt werden. Direkt nebenan, in einem über 100 Jahre alten Lagerhaus, finden Sie das Kanalmuseum von Trollhättan. 50 Bootsmodelle, eine Schmiedewerkstatt, Ausstellungen zur Kanalgeschichte und die Gästebücher der Kanalgesellschaft von 1796 bis heute bringen Ihnen den Trollhätte Kanal auf anschauliche Weise nahe. Auf Ihrem Weg zur Oskar-Brücke passieren Sie die »Trollhättans kyrka«, ein idyllisch am Kanalufer gelegenes Gotteshaus aus dem Jahr 1862. Sichern Sie sich auf der Brücke einen guten Platz, denn ein Spektakel der ganz besonderen Art können Sie hier an den Wochenenden von Mai bis August erleben: Die alten Schleusentore werden geöffnet und der Trollhätte-Wasserfall stürzt mit 300 000 Litern Wasser pro Sekunde in die Tiefe. Kein Wunder, dass die Menschen hier schon früh die Wasserkraft für ihre Zwecke nutzten. Der Energiereichtum zog schnell zahlreiche Industriezweige an, und Trollhättan entwickelte sich zu einer blühenden Stadt. Das »Innovatum Kunskapens Hus« erzählt nicht nur die Industriegeschichte der Gegend, sondern ist gleichzeitig ein Zentrum für Technologie, Medien, Design und Kreativität. Auch das »Saab Auto Museum« ist hier untergebracht, das alle Modelle des Motorenherstellers von 1946 bis heute zeigt.

Sollten Sie genug haben vom Trubel der quirligen Stadt, begeben Sie sich ein wenig aufs Land, ins Dörfchen Åsaka. In einem von Schwedens größten und mannigfaltigsten Kräutergärten können Sie inmitten von duftenden Pflanzen und Kräutern die Seele baumeln lassen. Eine eigene Abteilung beschäftigt sich mit exotischen Heilkräutern, von denen viele auch käuflich zu erwerben sind.

Lilla Edet

Bis Lödöse: 7 km, 1 Schleuse
Machen Sie im kleinen, aber feinen Hafen von Lilla Edet fest. Der kleine Marktflecken erhielt seinen Namen, der die Bedeutung als Umladestation widerspiegelt, bereits im Jahr 1544 – »Weg an den Fällen vorbei«.

Wie in Trollhättan, so hat sich auch hier am Wasserfall ein Kraftwerk angesiedelt. Ab Ende Mai können Sie hier Ihrer Angelleidenschaft frönen: Gleich neben dem Kraftwerk befindet sich eine Lachstreppe, über die die imposanten Fische stromaufwärts ziehen. Alte Handschriften belegen, dass bereits im 11. Jahrhundert in Lilla Edet Lachse gefischt wurden. Wasserschutzmaßnahmen in den letzten Jahrzehnten sorgten dafür, dass die Zahl der gefangenen Lachse von 200 (1983) auf 2028 im Jahr 2000 ansteigen konnte.

Lödöse

Bis Älvängen: 5 km
Auch wenn auf den ersten Blick nichts darauf hindeutet, dass Lödöse mehr sein könnte als eine kleine, nüchterne Industriestadt, machen Sie am Anleger in der Nähe des Museums fest. Bereits im 11. Jahrhundert war Lödöse als einzige Hafenstadt Schwedens in Richtung Westen ein bedeutendes Handelszentrum. 30 Jahre Ausgrabungsarbeit förderten rund eine halbe Million Fundstücke zu Tage, die nun im »Lödöse Museum« ausgestellt sind. Tauchen Sie ein in das lebendige Bild der Vergangenheit,

als in Lödöse Schwedens kleinste Münzeinheit, der halbe Pfennig, geprägt wurde und reiche Hanse-Kaufleute Pelze und Trockenfisch erwarben.

Älvängen

Bis Kungälv: 14 km
Der Anleger von Älvängen ist klein, aber recht komfortabel. Auch Wasser und Elektrizität sind vorhanden.
Knapp zwei Kilometer vom Anleger entfernt erreichen Sie ein ganz erstaunliches Museum: Die alte »Carlmarks Seilerbahn«. Anfang der 1990er Jahre sollte sie abgerissen werden, doch ein eigens gegründeter Verein restaurierte die Seilfabrik in liebevoller Kleinarbeit. 1996 wurde sie unter Denkmalschutz gestellt und ist nun ein lebendiges Industriemuseum. Mittels der historischen Maschinen mit Riemenantrieb wird täglich vorgeführt, wie auf der 300 Meter langen Seilerbahn Taue, Trossen und Seile entstehen.

Kungälv

Bis Göteborg: 20 km
Zu Füßen der altehrwürdigen Bohus-Festung, die das Tal überragt, machen Sie im Gasthafen von Kungälv fest. Der norwegische König Haakon V. Magnusson begann 1308 mit dem Bau der Trutzburg, die zu ihren Zeiten als die größte Nordeuropas und als uneinnehmbar galt. Heute sind leider nur noch Ruinen des imposanten Bauwerks zu sehen. Nehmen Sie an einer Führung durch die Festung teil und bummeln Sie danach durch die Altstadt von Kungälv mit ihren historischen, farbenfrohen Holzvillen.
Wenn Sie noch ein wenig Zeit mitbringen, unternehmen Sie einen Ausflug in Kungälvs Nachbargemeinde Marstrand. Inmitten der kleinen, quirligen Hafenstadt finden Sie das älteste Steinhaus der Region Bohuslän: Das Rathaus aus dem Jahre 1644. Noch älter ist die südländisch anmutende »Marstrands kyrka«. Im 13. Jahrhundert wurde sie auf den Grundmauern eines ehemaligen Franziskaner-Klosters erbaut. Gleich am Pier liegen das alte Kurhaus und das Warmbadehaus – Baudenkmäler aus einer Zeit, als König Oscar II. zur Sommerfrische nach Marstrand kam. Verlassen Sie Marstrand auf keinen Fall, bevor Sie nicht in einem der renommierten Restaurants die Meeresspezialitäten probiert haben!

Nur wenige Touristen nehmen sich die Zeit, so kurz vor Göteborg im kleinen Örtchen Surte anzuhalten. Der Schatz des verschlafenen Städtchens besteht in einer bauchigen Flasche, deren Formen selbst im Dunkeln zu ertasten sind: Die Coca-Cola-Flasche. Sie wurde von A. Samuelsson, einem Glashüttenarbeiter aus Surte, entworfen. Dieses »Kleinod« sowie über 1000 weitere Glasbehälter sind im »Glasbruksmuseet« zu bewundern.

Göteborg

Der Traditions-Hafen »Lilla Bommen«, der bereits 1860 als Umschlagplatz für die Frachtsegler auf dem Trollhätte Kanal diente, ist die letzte Station Ihrer erlebnisreichen Reise. Beginnen Sie Ihren Bummel durch Schwedens zweitgrößte Stadt auf dem Marktplatz mit seinem imposanten Rathaus aus dem Jahr 1672. Von hier aus führt die Kungsportsavenyn, kurz »Avenyn« genannt, hinab zum Götaplatsen mit dem Poseidonbrunnen. Wenn Sie jedoch zuallererst Göteborg aus der Vogelperspektive betrachten möchten, erklimmen Sie den Turm der »Masthuggskyrkan« – Ihre Anstrengungen werden mit einer grandiosen Aussicht belohnt! Von hier aus gut zu sehen ist auch das »Maritima Centrum«, das größte Schiffsmuseum der Welt. Am Kai sind historische Schiffe zu besichtigen, und in der »Terra Nova Werft« wird der Ostindien-Segler »Götheborg«, der im Jahr 1745 nur wenige Seemeilen von hier gesunken ist, originalgetreu nachgebaut. Eine Ausstellung zur Geschichte des größten schwedischen Hafens, eine umfassende Sammlung von Galionsfiguren und ein großes Seewasser-Aquarium lassen Sie fast vergessen, dass es auch eine Welt an Land gibt. Sollten Sie früh genug aufgestanden sein, können Sie vor dem Museumsbesuch in der »Feskekörka«, einer kathedralenähnlichen Fischhalle aus dem Jahr 1874, der täglichen Fischversteigerung beiwohnen. Oder Sie genießen die Produkte des Meeres ganz einfach in einem der zahlreichen Sterne-Restaurants Göteborgs. Göteborgs Geschichte als Übersee-Handelsplatz ist auch das Hauptthema des »Göteborg Stadsmuseums«. Besichtigen Sie ein Wikingerschiff und lassen Sie sich in die glorreichen Zeiten der Ostindiska Companiet entführen. Das Museumshaus selbst war einst ein schwedisch-ostindisches Handelshaus

Historische und kulturelle Fundgrube: Der Hafen von Göteborg.

und wurde im Jahr 1750 erbaut. Einige der damaligen Seefahrer verschlug es auch nach Südamerika. Das »Etnografiska Museet« beherbergt eine der weltweit außerordentlichsten Sammlungen zu diesem Kontinent.

Mit den schönen Künsten beschäftigt sich das »Nordiska Akvarellmuseet«, das neben festen und wechselnden Aquarellausstellungen auch Workshops und eine umfassende Datenbank zum Thema anbietet. Im »Hasselblad Center« dreht sich alles um die gleichnamige Fotokamera – alte Modelle sind zu bestaunen und natürlich Ausstellungen namhafter Fotografen.

Beschließen Sie Ihren Besuch Göteborgs mit einem langen Spaziergang durch die Botanischen Gärten der Stadt. In riesigen Gewächshäusern sind die verschiedensten Klimazonen nachgebaut worden: Tropenhaus, Palmenhaus, Orchideen, eine Alpenlandschaft oder auch ein Schmetterlingshaus erwarten Ihren Besuch. Doch auch die Außenanlagen sind es wert, genauestens erkundet zu werden. Ein Kräuter- und Rosengarten aus dem 18. Jahrhundert zum Beispiel oder das Arboretum, in dem auf 15 Hektar über viele Jahre hinweg über 300 Baumarten angepflanzt wurden.

Wie Sie sehen, ist Göteborg eine Stadt, die sicherlich auch einen zweiten Besuch wert ist. Vielleicht im nächsten Jahr, bei einer erneuten Reise mit dem Hausboot auf dem Trollhätte Kanal?

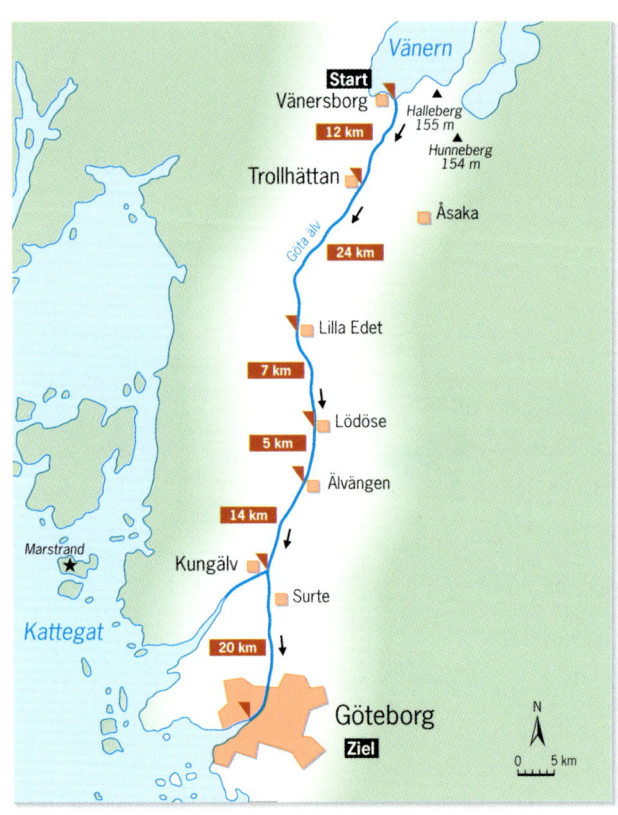

Adressen

Touristische Informationen:

Västsvenska Turistrådet
Kungsportsavenyn 31-35, 5 vån
S – 41136 Göteborg
Tel.: 0046-31-818300
Fax: 0046-31-818301
Website: www.vastsvenskatu-
ristradet.se

E-Mail: info@vastsvenskatu-
ristradet.se
Göteborg Tourist Office
Kungsportplatsen 2
S – 41110 Göteborg
Tel.: 0046-31-612500
Fax: 0046-31-612501
Website: www.goteborg.com
E-Mail: info@gbg-co.se

Kungälv-Marstrand Turistbyrå
Fästningsholmen

S – 44281 Kungälv
Tel.: 0046-303-99200
Fax: 0046-303-17106
Website:
www.turism.kungalv.se
E-Mail: info@turism.kungalv.se

Lilla Edets Turistbyrå
Göteborgsvägen 63
Box 33
S – 46321 Lilla Edet
Tel.: 0046-520-659750
Fax: 0046-520-650289
Website: www.lillaedet.se
E-Mail: turism@lillaedet.se

Trollhättans Turistbyrå
Åkersjövägen 10
Box 901
S – 46129 Trollhättan
Tel.: 0046-520-488472
Fax: 0046-520-488408
Website: www.visittrollhattan.se
E-Mail: tourist@visittrollhat-
tan.se

Vänersborgs Turist AB
Järnvägsstationen, Box 147
S – 46222 Vänersborg
Tel.: 0046-521-271400
Fax: 0046-521-271401
Website: www.vanersborg.se/tu-
rist
E-Mail: turist@vanersborg.se

Sehenswürdigkeiten:

Bolstad kyrka

Bolstad, Brålanda
S – 46493 Mellerud
Tel.: 0046-521-34125

Sundals Ryrs gamla kyrka
Sundals Ryr
S – 46065 Brålanda
Tel.: 0046-521-35213

Brätte Medeltidsstad
S – 46293 Vänersborg
Tel.: 0046-521-271400

Felsmalereien »Eventorps
Hällristning«
Evenstorp
S – 46065 Brålanda
Tel.: 0046-521-271400

Medizinhistorisches Museum
Vänerparken
S – 46235 Vänersborg
Tel.: 0046-521-276307

Puppenmuseum
Residensgatan 2
S – 46233 Vänersborg
Tel.: 0046-521-61571

Vänersborg Museum
Östra Plantaget
S – 46235 Vänersborg
Tel.: 0046-521-264100

Sportmuseum »Västergötlands
idrottshistoriska Museum«
Huvudnässkolan
S – 46235 Vänersborg

Tel.: 0046-521-14109

Trollhättan Wasserfälle
Tel.: 0046-520-488472

ISaab Auto Museum
Åkersjövägen 10
S – 46129 Trollhättan
Tel.: 0046-520-84344
Website: www.saab.se

Lödöse Museum
Musievägen 1
S – 46371 Lödöse
Tel.: 0046-520-661010
Fax: 0046-520-660047

Bohus-Festung
Fästningsholmen
S – 44281 Kungälv
Tel.: 0046-303-99200
Fax: 0046-303-17106

Glasbruksmuseet Surte
Kvarnvägen 6
S – 44557 Surte
Tel.: 0046-303-330939
Website: www.glasbruksmu-
seet.nu
E-Mail: info@glasbruksmu-
seet.nu

Maritima Centrum
Packhuskajen 8
S – 41113 Göteborg
Tel.: 0046-31-105950
Fax: 0046-31-7116035
Website: www.gmtc.se

Stadsmuseum Göteborg
Norra Hamngatan 12
S – 41114 Göteborg
Tel.: 0046-31-612770
Fax: 0046-31-7740358

Häfen:

Trollhätte Kanal
Sjöfartsverket
Trollhätte Kanals Sjötrafikom-
råde
Box 949
S – 46129 Trollhättan
Tel.: 0046-520-472206
Fax: 0046-520-4285559

Vänersborg
Tel.: 0046521-65709

Spikön
Tel.: 0046-520-495000

Åkersjön
Tel.: 0046-520-472207

Lilla Edet
Tel.: 0046-520-472207

Kungälv
Tel.: 0046-303-59143

Göteborg, Lilla Bommen
Tel.: 0046-31-158082

Restaurants:

Gränden
Köpmansgatan 2
S – 46233 Vänersborg
Tel.: 0046-521-60425

Ronnums Herrgård
Ronnum
S – 46830 Vargön
Tel.: 0046-521-260000

Vänergarden
Sundsgatan 18
S – 46221 Vänersborg
Tel.: 0046-521-15550
(Schwedische Küche)

Gillets Matsalar
Storgatan 22
S – 46130 Trollhättan
Tel.: 0046-520-12012
(Fisch-Spezialitäten und haus-
gemachte Kuchen)

Restaurang Högbo Wärdshus
Strömslundsgatan 65
S – 46157 Trollhättan
Tel.: 0046-520-428455
(Traditionelle schwedische
Küche)

Sjuntorps Wärdshus
Stenliden 4
S – 46020 Sjuntorp
(Restaurant in einem alten
Herrenhaus, etwas außerhalb
von Trollhättan gelegen)

Motell Carastel Restaurant
Skansenvägen 34
S – 46330 Lilla Edet
Tel.: 0046-520-651410

Restaurang Rosa Huset
Postvägen 7
S – 44623 Älvängen
Tel.: 0046-303-746460

Tre Kockar
Västra gatan 73
S – 44231 Kungälv
Tel.: 0046-303-10123

Grand Tenan
Rådhusgatan 2
S – 44030 Marstrand
Tel.: 0046-303-60322

Marstrands Wärdshus
Hamngatan 23
S – 44030 Marstrand
Tel.: 0046-303-60369

Tvåkanten
Kungsportsavenyn 27
S – 41136 Göteborg
Tel.: 0046-31-182115
(First-class-Restaurant)

Gabriel
Feskekörka
S – 41113 Göteborg
Tel.: 0046-31-139051
(Fisch und Meeresfrüchte)

131

SCHWEDEN: SÄFFLE KANAL

Liebevolle Details schmücken die schwedischen Gasthäuser.

DER WEG DER WILDEN MÄNNER

Kehren Sie der unermesslichen Weite des Vänern-Sees den Rücken und lassen Sie sich entführen in die Stille und Einsamkeit Värmlands. Schmale Flüsse und weite Fjorde führen mit jedem Kilometer weiter fort von der Betriebsamkeit des Alltags und lassen die Seele zur Ruhe kommen. Tiefe Wälder umgeben den Reisenden mit ebenso tiefer Stille, nur ab und zu unterbrochen vom Schrei einer Wildgans. Lauschen Sie aber auch den stummen Zeugen an den Ufern des Flusses – sie haben die ruhmreichen Geschichten bewahrt.

Über den Fluss Byälv, den Harefjord, den Gillbergasee und den Glafsfjord zogen schon vor vielen, vielen Jahren die Wikinger von Säffle gen Norden nach Arvika und weiter bis Norwegen. Das Seensystem mündet im Süden in den größten See Schwedens, den Vänern-See. Die einzelnen Teilstücke sind durch künstliche Kanäle miteinander verbunden und ergeben in ihrer Gesamtheit den Säffle Kanal. Aufgrund seiner Geschichte trägt dieser Wasserweg auch den Namen »Wikingerleden« (Wikingerweg). Der Vänern-See ist gleichzeitig auch Anfangspunkt zahlreicher anderer Kanäle, so dass es möglich ist, von hier aus Schweden in seiner gesamten Breite zu durchfahren. Sie können selbstverständlich Ihre Reise auch verlängern und in aller Ruhe den Vänern-See erkunden, der mit knapp 6000 Quadratkilometern der größte See Schwedens und elf Mal größer als der Bodensee ist. Sage und schreibe 22 000 Inseln und Schären liegen im Vänern-See – es steht sozusagen für jeden Touristen eine eigene Insel zur Verfügung.

Innerhalb von nur zwei Jahren, von 1835 bis 1837, wurden die verbindenden Teilstücke zwischen den Flüssen und Fjorden des Säffle Kanals gegraben. Die offizielle Einweihung des nun

Tour-Daten

Charakter: Wenig Verkehr, nur eine einzige Schleuse: Der Säffle Kanal ist wie geschaffen für Hausbootanfänger. Schmale Flüsse und weite Fjorde führen Sie in die Einsamkeit Värmlands und seiner tiefen Wälder. Stille, Ruhe und Erholung – hier können sie wirklich abschalten.

Wasserstraße: Säffle Kanal

Strecke: Säffle–Arvika

Dauer: 1 Woche

Länge: 72 km

Anzahl der Schleusen: 1

Größter Tiefgang: 3,00 m

Größte Höhe: 16,00 m

insgesamt 80 Kilometer langen Kanals wurde von König Karl XIV am 11. Oktober 1837 vorgenommen. Doch schon am 6. Mai 1837 passierte das erste Schiff, die »Amiralen«, die Schleuse bei Säffle. Es hatte 229 Tonnen Hafer und 133 Tonnen Roggen geladen. Dieser Art war für lange Jahre auch der Hauptzweck des Kanals: Transport von Gütern und Menschen. Getreide wurde aus dem Süden des Landes herangeschafft und Produkte der örtlichen Fabriken nach Göteborg verschifft. Segelschiffe pendelten täglich zwischen Arvika und Säffle. Seit dem 17. Jahrhundert herrschte auf dem Wikingerweg lebhafter Verkehr – heute sind die Freizeit- und Sportbootschiffer nahezu unter sich.

Nicht nur dieser Umstand trägt dazu bei, dass der Säffle Kanal für Hausboot-Anfänger wie geschaffen ist. Nur eine einzige Schleuse »behindert« Ihren Weg gen Norden; sie überwindet den Niveauunterschied des Kanals von gerade einmal 0,6 Metern. Auch das Verkehrsaufkommen hält sich in Grenzen, da an der Strecke keine großen Städte und nur wenige spektakuläre Sehenswürdigkeiten zu finden sind. Eine dieser Sehenswürdigkeiten wird Ihnen sicherlich während Ihrer Reise auf dem Wasser begegnen: Das nachgebaute Wikingerschiff »Glad af Gillberga«. Halten Sie Ihren Fotoapparat griffbereit!

Nur drei ausgewiesene Gasthäfen, die allerdings jeglichen nur denkbaren Komfort bieten, liegen am Säffle Kanal. Jedoch gilt in Schweden das »Jedermannsrecht«, das Ihnen erlaubt, an jeder Stelle des Kanals anzulegen, sofern Sie nicht den Schiffsverkehr behindern oder die Natur stören.

Säffle

Bis Nysäter: 12 km, 1 Schleuse
Unterhalb der Schleuse liegt der hervorragend ausgestattete Hafen von Säffle, in dem Ihre Reise beginnt. Hier können Sie sich mit allem versorgen, wonach Ihnen der Sinn steht; auch das Touristenbüro hat hier seinen Sitz.

Säffle ist Schwedens jüngste und quirligste Stadt. Dennoch reichen Ihre Wurzeln weit in die Vergangenheit zurück: Der Wikingerkönig Olof Trätälja, der hier einst lebte und als Gründer von Säffle gilt, ist zum Wahrzeichen der Stadt geworden. Man sagt, dass er in dem erstaunlich großen Hügelgrab aus der Eisenzeit in der Nähe des Wasserturms beigesetzt ist. Die jüngere Geschichte der Stadt können Sie auf einem Wandgemälde im 1. Stock des Stadhuset verfolgen. Das Gebäude selbst wurde im 19. Jahrhundert in Djupviken gebaut und erst 1931 nach Säffle gebracht. Ebenfalls aus dem 19. Jahrhundert stammt das Herrenhaus »Silvénska Villan«, das der Reeder Hugo Silvén für seine Familie erbauen ließ. Heute ist die Villa das Kulturzentrum von Säffle: Wechselnde Ausstellungen regionaler Künstler, Konzerte und ein Sommercafé warten auf Ihren Besuch. Ein weiterer berühmter Sohn der Stadt war Esaias Tegnér – Dichter, Professor und Bischof. Ein Gedenkstein südlich von Säffle erinnert an ihn mit der Inschrift: »Hier stand seine Wiege, in Växjö sein Grab, in Liedern die Erinnerung an ihn«.

Die Kirche von Säffle wirkt auf den ersten Blick unscheinbar, doch ihr Inneres ist mindestens einen zweiten Blick wert: Die Künstler Sven Lundqvist und Sven Erixon haben kunstvolle Altarbilder und Kirchenfenster geschaffen.

Beschließen Sie Ihren Besuch in Säffle mit einem Rundgang durch das »Marinmotormuseum«. Über 200 Bootsmotoren,

alte wie neue, sind hier zu bewundern. Fotos und Dokumente der Billerud-Marine runden die Ausstellung ab.

Der erste Teil Ihrer Reise führt Sie durch den Harefjord. Machen Sie an seinem westlichen Ufer halt und besuchen Sie das Dörfchen Kila. Die romantische kleine Kirche stammt aus dem Jahr 1654. 1776 wurde ein Glockenturm angebaut, um die Glocke aus dem 14. Jahrhundert entsprechend zu würdigen.

Um 1764 wurde der Landsitz von »Echstedtska gården« erbaut. Das weitläufige Herrenhaus im karolingischen Stil prunkt noch heute sowohl außen als auch innen mit seinem ursprünglichen Gesicht. Zauberhafte Rokoko-Möbel und Wandbespannungen lassen den Reichtum seiner einstigen Besitzer ahnen.

Nysäter

Bis Gillberga: 5 km
In Nysäter laufen Sie den zweiten Gasthafen auf dieser Reise an. Sie können gleich im hafeneigenen Supermarkt Ihre Vorräte auffüllen – aber schauen Sie doch erst einmal, ob nicht heute Markttag in Nysäter ist. Die Gebäude, die den Marktplatz säu-

men, stammen aus dem 17. und 18. Jahrhundert und laden zusammen mit den fröhlichen, bunten Marktständen und der regen Betriebsamkeit zu einem ausgedehnten Bummel ein. Falls gerade kein Markt stattfindet, dann sicherlich eines der zahlreichen Volksfeste, die den schwedischen Sommer zu einem unvergesslichen Erlebnis machen. Machen Sie einen Abstecher zum alten Bahnhof von Nysäter: Das Gebäude aus den Anfängen der schwedischen Eisenbahn ist liebevoll restauriert worden und versetzt Sie zurück in die Zeiten von Dampfloks und unerschrockenen Pionieren. Ganz in der Nähe des Marktplatzes befindet sich ein Zeuge aus noch fernerer Vergangenheit: Ein Hügelgrab aus der Wikingerzeit. Einige weitere Hügelgräber finden sich im Naturreservat »Hösås«, das sich von hier aus am Säffle Kanal entlangzieht. Unternehmen Sie eine ausgedehnte Wanderung durch den dichten Eibenwald und beginnen Sie zu verstehen, warum der Kanal auch als »Wikingerweg« bezeichnet wird.

Einige Nysäterer Enthusiasten nahmen diese Bezeichnung wörtlich und begannen 1995, ein Wikingerschiff originalgetreu nachzubauen. Die »Glad af Gillberga« ist 17,5 Meter lang, 3 Meter breit und wurde 1998 fertiggestellt. Im Jahr 2000 segelte sie bis nach Kanada, um dort an den Wikingerfeierlichkeiten teilzunehmen. Heute befährt das imposante Boot den Säffle Kanal und kann von Gruppen ab zehn Personen gemietet werden. In der ehemaligen Werkstatt wurde ein Museum eingerichtet. Ein Museum ganz anderer Art finden Sie im alten Gerichtshof von Nysäter: Man sollte kaum glauben, dass Diebstahl, Mord und Totschlag ihren Weg in diese friedliche Gegend gefunden haben, doch das Kriminalmuseum belehrt Sie eines Besseren.

Gillberga

Bis Högsäter: 4 km

Am nördlichen Ende des Sees Gillbergasjön liegt das gleichnamige Städtchen Gillberga. Der See selbst wurde erst kürzlich zum Naturreservat ernannt – achten Sie also auf die Uferbeschilderung. Wenn Sie sich für die Beobachtung seltener Vögel interessieren, planen Sie unbedingt einen weiteren Tag für Ihren Aufenthalt ein! Inmitten des Reservates finden Sie die Wohnhöhle »Hällemyren«, die

Erinnerungen an die Zeit der Wikinger sind die rätselhaften
Steinrunde, die überall in Värmland zu finden sind.

einzige erhaltene ihrer Art in ganz Värmland. Die acht Quadratmeter große Höhle ist mehr als 100 Jahre alt und diente seinerzeit zehn Personen als Wohnstatt.

Nicht ganz so spartanisch lebten die Bewohner des Holzhauses aus dem 19. Jahrhundert, das mitsamt seinem Grasdach sorgfältig restauriert wurde und heute ein kleines Heimatmuseum beherbergt. Statten Sie auch der kleinen Kirche von Gillberga einen Besuch ab, die in den Jahren 1731–1735 auf den Grundmauern eines Klosters aus dem 12. Jahrhundert erbaut wurde. Nicht weit von der Kirche entfernt liegt ein großes Gräberfeld, das bis in die Eisenzeit zurück datiert.

Högsäter

Bis Stömne: 12 km
Am Westufer des Flusses Högsättersälven, der Sie aus dem Gillbergasjön hinausführt und in

137

den See Björnöfjorden mündet, liegt ein weiteres Hügelgrab, das Ihre besondere Beachtung verdient. Es ist eines der vier bekannten Königsgräber in Schweden. Diese Königsgräber werden auf die Zeit des 6. oder 7. Jahrhunderts geschätzt. Jeden Sommer wird an dieser Stelle ein Musical aufgeführt, das auf der Saga »Frithiof und Ingeborg« von Esaias Tegnér basiert.

Stömne

Bis Klässbol: 14 km
Legen Sie am Westufer des Sees Björnöfjorden an und machen Sie sich die Mühe, den bewaldeten Hang zu erklimmen. Auf der Anhöhe angekommen werden Sie nicht nur durch einen atemberaubenden Blick auf Värmland belohnt. Die Überreste der uralten Festung »Hammarklätten« erzählen von der Verteidigung des Landes und vor allem des »Wikingerweges« in der Eisenzeit.

Klässbol

Bis Hillringsberg: 9 km
Sie haben nun den letzten großen See Ihrer Reise und damit auch den letzten Abschnitt des Säffle Kanals erreicht. Nehmen Sie sich ausreichend Zeit, um die Ufer des Glafsfjorden zu erkunden und in der Stille der värmländischen Einsamkeit die Seele baumeln zu lassen.
Sobald Ihnen der Sinn wieder nach ein wenig mehr Trubel steht, suchen Sie sich am Südostufer des Sees einen Liegeplatz und machen sich auf nach Klässbol. Das Städtchen ist ein Zentrum für värmländisches Kunsthandwerk. Sie können an einer Führung durch die zahlreichen Werkstätten und Ateliers teilnehmen oder auf eigene Faust durch Klässbol streifen. Auf keinen Fall sollten Sie jedoch die Leinenweberei auslassen: Der Königshof und die schwedischen Botschaften in aller Welt kaufen hier kostbare Bettwäsche und Tischtücher.

Hillringsberg

Bis Glava: 4 km
Ein wahres Kleinod der sakralen Vergangenheit Värmlands finden Sie in Hillringsberg, am Westufer des Glafsfjordens. Die Kirche »Gladisvall« stammt aus dem Jahr 1113 und bot einst Pilgern auf ihrem Weg ins norwegische Trondheim Verpflegung und Unterkunft.

»Wilde Männer« auf dem Säffle-Kanal.

Glava

Bis Arvika: 12 km

Nur wenige Kilometer weiter nördlich erreichen Sie die Gemeinde Glava. Auch die hiesige Gemeindekirche aus dem Jahr 1738 wartet mit außergewöhnlichen Schätzen auf: Zauberhafte Deckengemälde und Statuen aus dem 13. Jahrhundert ziehen den Betrachter in ihren Bann. Sicherlich nutzten die Priester von Glava auch den Kräutergarten, der nicht weit von der Kirche entfernt liegt. Über 60 Kräuterarten, medizinische und »historische« Pflanzen dienen noch heute unserem Wohlbefinden.

Im Museum für Gebrauchsglas können Sie die Geschichte dieses Alltagsgegenstandes in Värmland nachvollziehen.

Ganz in der Nähe von Glava führt Sie ein Wanderweg durch die Gebiete »Rudsklätten« und »Näs«. Eine erstaunlich große Anzahl von Hügelgräbern ist hier zu finden. Offensichtlich war dieser Platz schon in grauer Vorzeit besiedelt, denn auch die Ruinen eines eisenzeitlichen Forts wurden hier entdeckt. Gleich am Ufer des Glafsfjordens lohnt ein Abstecher nach Lövåsudden, um das größte aller Hügelgräber Värmlands zu bestaunen.

139

Arvika

In der zweitgrößten Stadt Värmlands und der Heimat der bekannten Motorenwerke »Volvo« endet Ihre Reise. Im Hause Volvo ist auch das Industriemuseum von Arvika untergebracht. Landwirtschaftliche Maschinen, Lastwagen und eine eigene Abteilung zum Thema »Schweißtechniken« sind hier zu bestaunen. Für Oldtimerfans ist der Besuch zweier weiterer Museum ein unbedingtes Muss beim Rundgang durch Arvika: Das »Arvika Fordonsmuseum«, das in einer liebevoll restaurierten Fabrik aus dem Jahr 1923 untergebracht ist, zeigt über 120 antike Autos, Motorräder, Pferdekutschen und Fahrräder. Das »MC-Museet Kedjan« wiederum hat sich auf Motorräder spezialisiert. Auch historische Motoren, Zubehör und Spielzeug zum Thema sind hier ausgestellt. Fehlen Ihnen noch Reisemitbringsel? Dann sind sie in der Keramikwerkstatt »Övre Stortorpets« genau richtig. Gegründet im Jahr 1870, wird noch heute wie damals die Tonerde von den Ufern des Glafsfjordens zu Gebrauchs- und Kunstgegenständen verarbeitet. Zwei außergewöhnliche Kirchen bestimmen das Stadtbild von Arvika: Die »Mikaeli kyrkan« von 1647, deren Innenraum von den berühmten Bildhauer-Brüdern Eriksson gestaltet wurde, und die »Trefaldighetskyrkan«, erbaut im Art-nouveau-Stil und 1911 am Dreifaltigkeitstag eingeweiht (daher auch ihr Name). Die Mikaeli-Kirche besitzt einen alten Kirchhof, in dessen Mauern Sie fern vom Trubel der Stadt eine Oase der Ruhe finden. Einer der eben erwähnten Eriksson-Brüder, Christian Eriksson, gründete die Künstlerkolonie »Rackstad«. In seinem Haus und Atelier »Oppstuhage« ist das RackstadMuseum untergebracht, das die reiche künstlerische Vergangenheit von Arvika zeigt. Ein Heimatmuseum der ganz besonderen Art ist das »Såguddens museum«: 22 historische Häuser Värmlands, ein Kräutergarten, ein Wildgehege und ein Café laden Sie ein, die spannende Vergangenheit der Gegend kennen zu lernen. Lassen Sie Ihre Reise noch einmal Revue passieren bei einem Spaziergang durch den »Arvika Stadspark«. Der Park wurde 1913 angelegt und besitzt die längste Pergola Schwedens.

Adressen

Touristische Informationen:

Säffle Turistbyrå
Brostugan, Kanalområdet
S – 66180 Säffle
Tel.: 0046-533-681010
Fax: 0046-533-41689
Website: www.saffle.se
E-Mail: tourist@saffle.se

Arvika Turistbyrå
Storgatan 22
S – 67131 Arvika
Tel.: 0046-570-81790
Fax: 0046-570-81720
Website: www.arvika.se
E-Mail: turist@arvika.se

Sehenswürdigkeiten:

Silvénska Villan
Box 115 (am Marktplatz)

141

S – 66123 Säffle
Tel. : 0046-533-17061

Hügelgrab von Olof Trätälja
Am Wasserturm (Zentrum)
S – 66180 Säffle
Tel.: 0046-533-681500

Marinmotormuseum Säffle
Sandviken 4527
S – 66194 Säffle
Tel.: 0046-533-12780

Gamla Järnhandeln (alter Bahn-
hof) i Nysäter
S – 66195 Nysäter
Tel.: 0046-533-31024

Kriminalmuseum »Tingshuset«
Häljebol
S – 66195 Nysäter
Tel.: 0046-533-31022

Wikingerschiff »Glad af Gill-
berga«
Föreningen Vikingaleden
Tingshuset Häljebol
S – 66195 Nysäter
Tel.: 0046-533-31066

Wohnhöhle »Hällmyren«
Gillbergas Hembygdsförening
Nyströmsvägen 10
S – 66195 Nysäter
Tel.: 0046-533-30241

Naturreservat Gillbergasjön
Naturvårdsverket Solna
S – 17185 Solna
Tel.: 0046-8-7991000

Königsgrab in Högsäter
Säffle Kommun
S – 66180 Säffle
Tel.: 0046-533-681500

Festung »Hammarklätten«
in Stömne
Arvika Turistbyrå
Storgatan 22
S – 67131 Arvika
Tel.: 0046-570-81790
Fax: 0046-570-81720

Glasmuseum Glava
Glava Glasbruk
S – 67020 Glava
Tel.: 0046-570-711516

Hügelgräber in Rudsklätten,
Näs und Lövåsudden
Arvika Turistbyrå
Storgatan 22
S – 67131 Arvika
Tel.: 0046-570-81790
Fax: 0046-570-81720

Mikaeli kyrkan
Prästgården
S – 67193 Arvika
Tel.: 0046-570-10228

Trefaldighetskyrkan
Box 111

S – 67123 Arvika
Tel.: 0046-570-10268

Industriemuseum
Volvo AB Arvikaverken
Box 303
S – 67127 Arvika
Tel.: 0046-570-83300
Fax: 0046-570-18485

Häfen:

Säffle Kanal / Vikingaleden
Sjöfartsverket
Trollhätte Kanal Sjötrafikområ-
de
Box 949
S – 46129 Trollhättan
Tel.: 0046-533-10010
Fax: 0046-533-81594

Säffle
Tel.: 0046-533-681500

Nysäter
Tel.: 0046-533-30172

Arvika
Tel.: 0046-570-5445307

Restaurants:

Dilans
Perssons Gränd
S – 66140 Säffle
Tel.: 0046-533-17530

Galna Tuppen
Sundsgatan 30
S – 66142 Säffle
Tel.: 0046-533-10079

Quality Hotel Säffle
Olof Trätäljagatan 2
S – 66130 Säffle
Tel.: 0046-533-12660

Café Palladium
Hamngatan 1
S – 67131 Arvika
Tel. : 0046-570-10270

Huset Vegetarisk Restaurang
& Café
Fabriksgatan 31
S – 67131 Arvika
Tel.: 0046-570-10543
(Vegetarische Spezialitäten)

Olssons Brygga
Hamnpiren
S – 67131 Arvika
Tel.: 0046-570-16700

Royal Café och Restaurang
Kyrkogatan 36
S – 67130 Arvika
Tel.: 0046-570-12322

Sjöhaget
Trotakan
S – 67191 Arvika
Tel.: 0046-570-24080

SCHWEDEN: STRÖMSHOLMS KANAL

UNESCO-Weltkulturerbe: Die ehemalige Eisenhütte »Ängelsbergs Bruk«.

ROTE ERDE, GRÜNES LAND

Schon der kleine Nils Holgersson bemerkte bei seinem Flug mit den Gänsen über Västmanland, dass es »gestreift ist wie Mutters Schürze«. Die Gänse erklärten ihm, dass diese Streifen Flüsse seien, Bergrücken, Straßen und Eisenbahnen. Auf dem Schürzenstreifen, der »Strömsholms Kanal« heißt, verläuft Ihre Reise. Wie ein blaues Band schlängelt sich der Kanal durch das grüne Land und die rote Erde, die von Västmanlands goldenen Zeiten als Bergbauregion und das »Klondyke Schwedens« erzählt. Folgen Sie den Spuren Gustav Vasas und der Wikinger und entdecken Sie eine Region voller Überraschungen.

Neben dem Göta Kanal war der Strömsholms Kanal während seiner Blütezeit im 18. und 19. Jahrhundert der wichtigste Wasserweg Schwedens. Der zweitälteste Kanal Schwedens wurde in den Jahren 1772–1795 erbaut. Er erstreckt sich über eine Gesamtlänge von 110 Kilometern, von denen jedoch nur gut zehn Kilometer künstlich angelegt wurden. Wie auch bei vielen anderen schwedischen Kanälen wurden hier lediglich die zahlreichen natürlichen Wasserwege und Seen miteinander verbunden. Johan Ulfström erkannte schon früh die guten Voraussetzungen, um einen Verkehrsweg quer durch Västmanland zu schaffen. Bereits seit Anfang des 14. Jahrhunderts finanzierte die Region Bergslagen mit ihrem Reichtum an Bodenschätzen die wirtschaftliche Entwicklung ganz Schwedens. Im Auftrag des Bergskollegiums, einem Zusammenschluss der Grubenbesitzer, plante Ulfström den Bau des Kanals, und im Jahr 1772 konnte endlich der erste Spatenstich getan werden. Finanzierungsprobleme verlängerten die geplante Bauzeit von 6 auf 18 Jahre. Zur Behebung dieser Probleme gründete man eine Kanal-

Tour-Daten

Charakter: Von lauschigen Buchten am Mälaren-See durch offene Felder, dichte Urwälder und üppige Feuchtgebiete bis in bergige Waldregionen führt diese abwechslungsreiche Tour. Wie ein blaues Band schlängelt sich der Kanal durch das grüne Land und die rote Erde einer Region, die voller Überraschungen steckt.

Wasserstrasse: Strömsholms Kanal

Strecke: Smedjebacken–Borgåsund

Dauer: 1 Woche

Länge: 117,7 km

Anzahl der Schleusen: 26

Größter Tiefgang: 1,35 m

Größte Höhe: 2,50 m

gesellschaft, die Subskriptionen anbot. Wohlhabende Bürger gewährten der Gesellschaft Kredite gegen spätere Anteile an den erwarteten Einnahmen. Auch König Gustav III. zeigte großes persönliches Interesse an dem Projekt und trug viel zur Finanzierung mit Geldern aus seiner Privatkasse bei. Im Jahr 1787 konnte er endlich auf dem ersten fertiggestellten Teilstück des Kanals der Jungfernfahrt beiwohnen.

Der letzte Gütertransport auf dem Strömsholms Kanal fand 1948 statt. Nach einem weiteren Umbau in den Jahren 1962–1970 dient der Kanal heute ausschließlich dem Personenverkehr und der Freizeitschifffahrt.

Auf seiner relativ kurzen Länge von 110 Kilometern überwindet der Strömsholms Kanal einen Niveauunterschied von 100 Metern, der mit Hilfe von 26 Schleusen bewältigt wird. Zwar sind die Schleusenkammern im Vergleich zu anderen Kanälen sehr schmal, dafür aber ist die Hubhöhe umso größer: In Hallstahammar beträgt sie sage und schreibe 50 Meter. Dies ist die größte Schleusenhöhe in ganz Schweden. Aber auch, wenn Sie noch kein erfahrener Skipper sind, müssen Sie sich nicht hiervor fürchten: Alle Schleusen sind bemannt, und die Schleusenwärter stehen Ihnen gern mit Rat und Tat zur Seite. Die Schleusenzeiten sind festgelegt und geben Ihren Tagesetappen somit einen zeitlichen Rahmen vor. Im einzelnen sind diese wie folgt:

Strömsholm:
09:15   12:00   16:00
Västerkvarn:
10:00   12:45   16:30
Sörstafors:
11:15   14:00   17:30
Sörkvarn:
11:45   15:00   18:00
Skantzen: 10:00   13:30
Lustigkulla: 10:45   14:45
Ålsätra: 12:15   15:45
Surahammar:
13:15   15:00   16:45
Ramnäs:
14:45   16:00   18:00
Färmansbro: 10:00   16:45
Virsbo: 11:30   18:00
Västanfors: 10:00   14:30

Machen Sie sich nun auf, eine der abwechslungsreichsten Gegenden Schwedens kennen zu lernen – begegnen Sie der Natur in allen nur erdenklichen Formen und erkunden Sie die Geschichte und Kultur einer der traditionsreichsten schwedischen Regionen.

Smedjebacken

Bis Söderbärke: 16,7 km
Im kleinen, aber feinen Hafen von Smedjebacken am nördlichen Ende des Strömsholms Kanals beginnt Ihre Reise, die Sie quer durch eine der geschichtsträchtigsten Kulturlandschaften Schwedens führt, bis hinunter zum Mälaren-See.

Beginnen Sie mit der Besichtigung der jahrhundertealten Traditionen gleich im Hafengebiet von Smedjebacken. Bereits im Mittelalter war dieser Platz ein Verkehrs- und Transportknotenpunkt. Aus dem 19. Jahrhundert stammt der alte Lokschuppen, der zur Wessman-Barken-Eisenbahngesellschaft gehörte, die den Strömsholms Kanal mit der Stadt Ludvika verband. Ganz in der Nähe finden Sie die Kirche »Norrbäken« aus dem 14. Jahrhundert. Besonders sehenswert ist das Altargemälde aus dem Jahr 1757. Zahlreiche alte Gruben und Hüttenwerke befinden sich in direkter Nähe von Smedjebacken: Im Tagebauwerk »Flogberg« zum Beispiel, in dem im 17. Jahrhundert zum ersten Mal Eisenerz abgebaut wurde, sind noch heute 15 Gruben zu besichtigen.

Auf vielen Wanderwegen können Sie die zauberhafte Natur um Smedjebacken erkunden: Der Wanderweg »Schisshyttan« informiert auf rund vier Kilometern Länge nicht nur über Fauna und Flora, sondern auch über die 400 Jahre alten Grubenfelder, die am Wegesrand liegen. In Richtung Ludvika liegt das Naturschutzgebiet »Jätturn«, in dem Sie eine der größten Höhlen der Region Dalarna finden. Um sie zu besichtigen, müssen Sie sich allerdings einer der angebotenen Führungen anschließen, denn die Höhle ist nur per Boot erreichbar.

Der erste Teil des Strömsholms Kanals besteht aus dem schmalen, langgestreckten See »Norra Barken«. Besorgen Sie sich im Touristenbüro von Smedjebacken einen Angelschein und versuchen Sie Ihr Glück!

Söderbärke

Bis Västanfors: 21,6 km,
5 Schleusen (»Semla«,
»Fagersta«, »Udnäss«)
Der Hafen von Söderbärke ist zwar klein, dafür aber um so romantischer: Inmitten eines kleinen Birkenhaines gelegen, bietet er Sanitäranlagen, ein kleines Café und einen Badeplatz. Lebensmittel, Post und Bank sind nur 500 Meter entfernt.

Der Ort Söderbärke wurde schon um 1300 schriftlich erwähnt. Die malerische Dorfkirche aus dem Jahr 1735 wurde auf den Grundmauern einer Kapelle aus dem 14. Jahrhundert errichtet. Nehmen Sie Söderbärke als Ihr »Basislager« zur Erkundung eines der außergewöhnlichsten Museen Schwedens: Das »Ökomuseum Bergslagen«. Wenn Sie sich nun ein Gebäude mit Dach und vier Wänden vorstellen, müssen Sie leider umdenken – das Ökomuseum umfasst ein geografisches Gebiet, das sich entlang des Strömsholms Kanals durch die Ebenen des Mälartals erstreckt. In sieben Gemeinden können über 50 Sehenswürdigkeiten aus der Bergbaugeschichte Bergslagens besichtigt werden: Gruben, Hütten, Schmieden, Kraftwerke, Arbeiterwohnungen und vieles mehr aus den verschiedensten Epochen der Industriegeschichte. Das Gebiet »Röda Jorden« ist von ganz speziellem historischen Interesse: Die Gegend erhielt ihren Namen (»rote Erde«) aufgrund der hier im Boden reichlich vorkommenden Eisenerze, deren Oxide dem Boden seine rote Farbe verleihen. Datierungen mit neuesten Methoden zeigen, dass hier schon im 5. Jahrhundert vor Christus Eisen hergestellt wurde. Schmiedegruben und 2000 Jahre alte Öfen werden sorgfältig erhalten. Aus diesem Grund ist es auch strengstens untersagt, Andenken wie z.B. Schlacken von diesem Ort mitzunehmen.

Dem See »Norra Barken« schließt sich im Süden sein kleinerer Bruder, der See »Södra Barken«, an. Nehmen Sie sich viel Zeit, um die idyllischen, bewaldeten Ufer zu erkunden. Ein guter Ausgangspunkt hierfür ist der kleine Hafen von Semla, der in einer langgezogenen Biegung des Kanals liegt. Schon im Mittelalter war dieses idyllische Fleckchen Erde besiedelt und lockt heute zu ausgedehnten Spaziergängen durch die bewaldeten Hügel. Auch hier entdecken Sie auf Schritt und Tritt Zeugnisse der Bergbau-Vergangenheit des Landes.

Fagersta/Västanfors

Bis Ängelsberg: 12,7 km, 1 Schleuse (»Västanfors«)
Der Hafen der Doppelgemeinde Fagersta/Västanfors befindet sich gleich am nördlichen Ende des Sees »Stora Aspen«, der nur einer der vielen Seen im Laufe des Strömsholms Kanals ist. Alle nur denkbaren Ver- und

Idyllisch zwischen Norra und Södra Barken gelegen ist die Schleuse in Semla.

Entsorgungseinrichtungen befinden sich in direkter Nähe zum Hafen; Lebensmittelgeschäfte und Cafés finden Sie ebenfalls gleich vor Ort.

Direkt am Kanal finden Sie das »Ekomagasinet«, einen alten Krämerladen, in dem Sie noch heute wie vor 100 Jahren Dinge des täglichen Bedarfs einkaufen können. Zahlreiche weitere historische Gebäude entlang des Kanals wie Bergarbeiterhäuser, die malerische Kirche aus dem Jahr 1640, ein kleines Schulmuseum oder ein Landsitz aus dem 17. Jahrhundert sind ganzjährig für den Publikumsverkehr geöffnet. Im alten Schleusenwärterhäuschen ist heute eine Keramikwerkstatt beheimatet – benötigen Sie noch Andenken und Mitbringsel für die Daheimgebliebenen? Hier werden Sie ganz sicher fündig.

Auch in Fagersta befinden sich einige Sehenswürdigkeiten des Ökomuseums Bergslagen: Das »Dunshammarmuseet med blästerugnar« zum Beispiel, Grubenschmelzöfen und Abraumhalden. Hier wurde das See-Erz vom 4. bis 8. Jahrhundert n.Chr. verarbeitet.

149

Ängelsberg

Bis Virsbo: 12 km
Machen Sie im Hafen von Ängelsberg fest und genehmigen Sie sich ein entspannendes Bad im Fluss am hafeneigenen Badestrand, bevor Sie sich zur Besichtigung einer der größten Sehenswürdigkeiten dieser Reise aufmachen: Die »Ängelsberg Bruk« ist ein typisches Beispiel für eine frühe schwedische Eisenhütte und wird von Experten als eine der wichtigsten der Welt eingeschätzt. Aus diesem Grund wurde sie 1993 in die Liste des Weltkulturerbes der UNESCO aufgenommen.

Nicht weit von hier entfernt, im See »Åmänningen«, liegt die älteste erhaltene Ölfabrik der Welt. »Oljeön« wurde im Jahr 1875 erbaut, und bis zu ihrer Stilllegung 1927 wurden hier Petroleum, Lampenöl, Wagenfett und Paraffin hergestellt. Die Produktion war nicht ungefährlich, und angesichts der ständig drohenden Explosionsgefahr ist Oljeön erstaunlich gut erhalten.

Virsbo

Bis Ramnäs: 15,8 km, 3 Schleusen (»Virsbo«, »Seglingsberg«, »Färmansbo«)
Mit Virsbo erreichen Sie eine weitere Station des Freilichtmuseums »Ökomuseum Bergslagen«. Machen Sie am Anleger oberhalb der Schleuse »Virsbo« fest und schlendern Sie durch 300 Jahre Bergbaugeschichte. Ein ganzes Stadtviertel, das »Virsbo Bruksmiljö«, steht unter Denkmalschutz. Sie können sich auch einer geführten Tour anschließen, die Ihnen die Besonderheiten und Geheimnisse von Bergbau- und Maschinenmuseum, Herrenhaus, Eiskeller, Lustschlösschen, Gärten und Kirchen auf fachkundige und unterhaltsame Weise nahe bringt.

Der Kanal schlängelt sich nun durch dicht bewaldete Höhen und lauschige Täler, die immer wieder zu einem Halt verleiten, um für ein Stündchen die Seele baumeln zu lassen. Nach einigen Kilometern weitet er sich zum See »Gnien«, dessen Ende ein Naturreservat markiert, das seltenen Sumpfpflanzen eine Heimat geworden ist.

Ramnäs

Bis Surahammar: 12,3 km,

2 Schleusen (»Ramnäs«)
Gleich hinter dem kleinen Gasthafen von Ramnäs beginnt das »Ramnäs Bruksmiljö«. Der kleine Ort, der um 1590 gegründet wurde, zeichnete sich um 1800 dadurch aus, dass hier zum ersten Mal in Schweden die »Lancashire-Methode« angewandt wurde. Diese spezielle Methode der Eisenherstellung wurde den Fachleuten in England abgeschaut und revolutionierte die schwedische Stahlindustrie. An die Blütezeit von Ramnäs im 19. Jahrhundert erinnern liebevoll restaurierte Herrenhäuser.

Surahammar

Bis Hallstahammar: 12,3 km,
6 Schleusen (»Surahammar«,
»Ålsätra«, »Trånfors«, »Lustig-
kulla«)
Legen Sie an der Gästebrücke von Surahammar neben der gleichnamigen Schleuse an und erholen Sie sich bei der Besichtigung der kleinen Stadt ein wenig von der Mühsal des Bergbaus. Wie Sie auf Ihrer Reise sicherlich schon bemerkt haben, werden schwedische Häuser traditionell aus Holz gebaut. Das älteste erhaltene Steinwohnhaus Surahammars stammt aus dem Jahr 1847 und ist heute Ausstel-

lungsraum und ein Treffpunkt für Kunsthandwerker. In der ehemaligen Werkshalle der Eisenhütte ist das Bergbaumuseum untergebracht. Die hier ausgestellten Erzeugnisse und Ausrüstungen lassen ahnen, wie beschwerlich die Arbeit vor Einführung moderner Techniken gewesen sein muss. Aber nicht nur Eisen wurde hier hergestellt: Auch Eisenbahnräder und vor allem das erste schwedische Auto (1897) wurden hier gefertigt. Leider hatte es nur ein sehr kurzes Leben: Nach ganzen 40 Metern rollte es gegen eine Wand. Im »MC- och cykelmuseum« ist allerdings eine originalgetreue Kopie des Vehikels zu bestaunen. Aber auch der Rest der einzigartigen Sammlung ist sehenswert: 100 Jahre Zweiradgeschichte, vom Fahrrad bis zum Motorrad, sind hier ausgestellt.

Beschließen Sie den Tag mit einem Besuch eines der hervorragenden Restaurants Surahammars: Im stilvollen Ambiente des alten Herrenhauses (Herrgård) fühlen Sie sich wie einst die reichen Grubenbesitzer.

Hallstahammar

Bis Borgåsund: 14,3 km,

9 Schleusen (»Hallstahammar«, »Sörstafors«, »Västerkvarn«, »Strömsholm«)

Hervorragend ausgestattet, erwartet Sie in Hallstahammar einer der größten Gasthäfen am Strömsholms Kanal. Wenn Sie nicht lange bleiben möchten, können Sie auch am Anleger oberhalb der Schleuse festmachen.

Der Fluss »Kolbäcksån«, der hier den Strömsholms Kanal bildet, wurde schon im 17. Jahrhundert industriell genutzt. An der Stelle, an der heute die Schleuse zu sehen ist, befand sich früher ein Wasserfall, der ab dem Jahr 1628 einen Stangeneisenhammer antrieb. Die Schmiede von 1799 ist mitsamt Gebrauchsgegenständen, Öfen und Hammer noch fast vollständig erhalten. Näheres zum Thema »Wasser« können Sie im Kanalmuseum »Skantzboden« erfahren. Sammlungen zur Kanalgeschichte erzählen vom Leben der Schiffer in früheren Zeiten. Versuchen Sie an verschiedenen Schleusenmodellen, ob Sie sich zum Schleusenwärter am Strömsholms Kanal eignen!

Einen Ausflug in ferne Erdteile können Sie unternehmen im »Åsby Trädgård«, einem Park mit Gewächshäusern, in denen Pflanzen aus aller Herren Länder gedeihen. Auch ein Landwirtschaftsmuseum und eine Schnapsbrennerei können hier besichtigt werden. Das »Jazzens Museum« ist europaweit einzigartig. Eine Führung durch die Geschichte des Jazz wird gekrönt von einem Besuch im kreolischen Restaurant.

Borgåsund

An den nördlichen Ufern des Mälaren-Sees endet Ihre Reise. Das kleine Städtchen, das inmitten eines Naturschutzgebietes liegt, war früher ein bedeutender Handelsplatz. Eisen und Erze aus Bergslagen wurden von hier aus weiter verschifft nach Stockholm und dem restlichen Europa. Lange Zeit war Borgåsund der größte Hafen des Mälaren-Sees und verlor seine Bedeutung erst mit Einführung der Eisenbahn. Heute finden Sie hier einen Gästehafen, der ganz auf die Bedürfnisse der Freizeitschifffahrt eingestellt ist. Beenden Sie Ihre erlebnisreiche Reise durch die Provinz Bergslagen mit einer Besichtigung des historischen Brückenwärter-Hauses und der Ausstellung zum Strömsholms Kanal im alten Lagerhaus im Hafen.

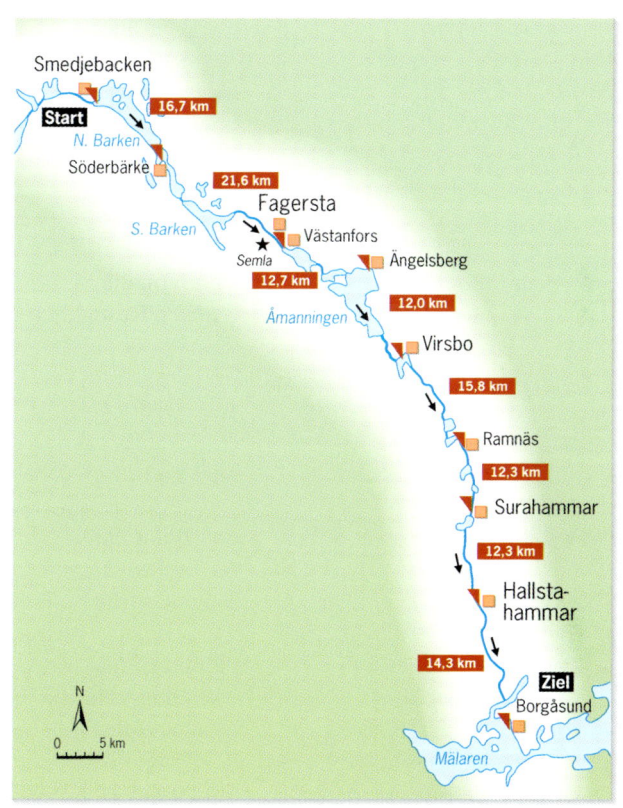

Adressen

Touristische Informationen:

Fagersta Turism
Norbergsvägen 19
S – 73780 Fagersta
Tel.: 0046-223-13100
Fax: 0046-223-12760
Website: www.fagersta.se
E-Mail: turism@fagersta.se

Hallstahammars Turstbyrå
Box 506, Prästgårdsgatan
S – 73427 Hallstahammar
Tel.: 0046-220-24186
Fax: 0046-220-24187
Website: www.hallstahammar.se
E-Mail: turism@hallstaham-
mar.se

Für Smedjebacken:
Ludvika Turism
Fredsgatan 10

S – 77135 Ludvika
Tel.: 0046-240-86050
Fax: 0046-240-80354
Website: http://turist.ludvika.se

Surahammars Turistbyrå
Ekängsvägen 5
S – 73531 Surahammar
Tel.: 0046-220-39083
Fax: 0046-220-39003
Website: www.surahammar.se
E-Mail: agneta.gustavsson@surahammar.se

Västanfors hembygdsgård
(Heimatverein)
Rune Lindströms väg
S – 73730 Fagersta
Tel.: 0046-223-19777
E-Mail: fagersta.hembygdsgarden@fagersta.se

Virsbo turistbyrå (Virsbo &
Ramnäs Bruksmiljö)
S – 73061 Virsbo
Tel.: 0046-220-39083

Westmanna Turism
S – 721 87 Västerås
Tel.: 0046-21-103800
Fax: 0046-21-103809
Website: www.vastmanland.se
E-Mail: info@vastmanland.se

Sehenswürdigkeiten:

Lokschuppen im Hafengebiet
Kyrkogatan

S – 77730 Smedjebacken
Tel.: 0046-240-660145

Grube Flogberg
Lernbo
S – 77190 Ludvika
Tel.: 0046-240-71333

Bergmannsdorf Stimmerbo
S – 77790 Smedjebacken
Tel.: 0046-240-86050

Ängelsberg Bruk
S – 73780 Fagersta
Tel.: 0046-223-13100

Ölfabrik Oljeön
S – 73780 Fagersta
Tel.: 0046-223-13100

Stenhuset (das älteste Steinwohnhaus von Surahammar)
Ekängsvägen 5
S – 73531 Surahammar
Tel.: 0046-220-39083
Fax: 0046-220-39003

Surahammars Bruksmuseum
Stålvägen 2
S – 73591 Surahammar
Tel.: 0046-220-39083
Fax: 0046-220-39003

Schmiede »Trångfors smedja«
Trångfors
S – 73491 Hallstahammar
Tel.: 0046-220-17409
Fax: 0046-220-14835

Häfen:

Strömsholms Kanal AB
Box 506
S – 73427 Hallstahammar
Tel.: 0046-220-10011
Fax: 0046-220-10500
Website: www.stromsholmska-nal.se
E-Mail: info@stromsholmska-nal.se

Smedjebacken
Tel.: 0046-240-660199

Gladtjärn
Tel.: 0046-240-79200

Söderbärke
Tel.: 0046-240-660195

Semla
Tel.: 0046-220-10011

Västanfors
Tel.: 0046-223-13000

Ängelsberg
Tel.: 0046-223-30280

Virsbo
Tel.: 0046-220-39070

Ramnäs
Tel.: 0046-220-35000

Surahammar
Tel.: 0046-220-39072

Hallstahammar
Tel.: 0046-220-24305

Borgåsund
Tel.: 0046-220-10011

Restaurants:

Flogbergets Gruvstuga
Lernbo
S – 77190 Ludvika
Tel.: 0046-240-28444

Lindgården
Allégatan 2E
S – 77731 Smedjebacken
Tel.: 0046-240-70335

Tolvsbo Hotell Restaurant
Tolvsbo
S – 77793 Söderbärke
Tel.: 0046-240-650200

Virsbo Brukshotell
Hotellvägen 2
S – 73061 Virsbo
Tel.: 0046-223-34134

Surahammars Herrgård
Herrgårdsvägen 3-5
S – 73531 Surahammar
Tel.: 0046-220-39500

Restaurant »Jazzens museum«
Sofielundsvägen 35
S – 73040 Hallstahammar
Tel.: 0046-220-43330

155

»Gamla Stan«, die Altstadt von Stockhom, einmal aus ganz anderer Perspektive.

IN DES KÖNIGS GUTER STUBE

Aus großer Höhe stürzt mit einem lauten Platschen ein Fischadler ins Wasser. Kurze Zeit später erhebt er sich majestätisch in die Lüfte, einen zappelnden Fisch in den beeindruckenden Krallen. Versunken in diesen Anblick merken Sie kaum, wie auch das Rucken am Schwimmer Ihrer Angel den nächsten gefangenen Hecht ankündigt. Die idyllische Bucht der kleinen Insel hier scheint wie geschaffen für einen nächtlichen Liegeplatz. Oder sollten Sie doch lieber dort drüben festmachen, gleich in Sichtweite eines der zahlreichen königlichen Schlösser im Mälaren-See?

Der Mälaren-See ist der drittgrößte See des Landes und zieht sich durch die Provinzen Södermanland und Uppland im mittleren Ostschweden. Bei Stockholm mündet er in die Ostsee, und seine 1140 Quadratkilometer erstrecken sich auf einer Länge von 117 Kilometern bis nach Köping im Westen. Tausende von Inseln und Inselchen liegen in seinen Wassern. Da der See jedoch auch von der Handelsschifffahrt genutzt wird, gibt es hervorragende Seekarten, die das Navigieren zwischen all diesen Eilanden zum reinen Kinderspiel machen. Zudem sind

Tour-Daten

Charakter: Fischadler kreisen über dem Mälaren-See mit seinen zahllosen Inseln und Inselchen und künden von unberührter Natur. An den Ufern des Sees aber finden sich in Städten und kleinen Orten lebendige Landesgeschichte, Tradition und Kultur zuhauf. Hier kommt jeder auf seine Kosten...

Wasserstrasse: Mälaren-See
Strecke: Köping–Stockholm
Dauer: 1 Woche
Länge: ca. 130 km
Anzahl der Schleusen: 0
Größter Tiefgang: 1,80 m
Größte Höhe: frei

die Fahrrinnen des Mälaren-Sees bestens beschildert, so dass auch der Anfänger in Sachen Hausboot problemlos seinen Weg durch die einzigartige Landschaft finden wird.

Zahlreiche Naturschutzgebiete liegen am und im Mälaren-See – beachten Sie also unbedingt die am Ufer befindlichen Beschilderungen! Nur so kann gewährleistet werden, dass die außergewöhnlich schöne und artenreiche Natur auch für die Zukunft erhalten bleibt.

Die oben schon erwähnten Fischadler benötigen unseren besonderen Schutz, sind gleichzeitig aber auch ein Hinweis auf

157

den Fischreichtum des Mälaren-Sees. Hechte, Zander, Forellen und viele andere Süßwasserfische mehr können Sie gleich von der Reling Ihres Bootes aus an Land ziehen. Wie auch auf den anderen großen Seen Schwedens sowie an der Meeresküste benötigen Sie auf dem Mälaren-See keinen Angelschein, sofern Sie mit üblichem Angelgerät fischen.

Es ist allerdings fraglich, ob Sie auf dieser Reise tatsächlich genügend Zeit haben werden, um in aller Gemütsruhe die Leine ins Wasser zu halten. Der Mälaren-See liegt in einer der interessantesten Kulturlandschaften Schwedens. So liegen die ältesten Städte des Landes an seinen Ufern, uralte Runensteine sind an nahezu jeder Landstraße zu finden – und natürlich Schlösser. Über 20 Schlösser und Herrenhäuser aus allen nur denkbaren Epochen säumen den Mälaren-See. Keine schwedische Dynastie, die sich nicht mit einem prachtvollen Bauwerk hier verewigt hätte, von Gustav Vasa bis zum heutigen Königshaus.

Sollten Sie eine Schlösser-Tour rund um den Mälaren-See planen, erkundigen Sie sich bei den örtlichen Touristenbüros nach den Details – hier ist man Ihnen gern behilflich. Aber letztlich soll eine Reise mit dem Hausboot ja auch nicht in Freizeitstress ausarten. Lassen Sie sich also geruhsam über den See und durch die Inselwelt treiben.

Aus diesem Grund haben wir auch keine Entfernungsangaben in die Tourbeschreibung aufgenommen: Steuern Sie die Ortschaften an, die Ihnen am verlockendsten erscheinen, und machen Sie Halt, wo es Ihnen beliebt. Entweder in einer einsamen, malerischen Bucht am Seeufer oder in einem der zahlreichen Gasthäfen rund um den Mälaren-See. Die vorzügliche Ausstattung der Häfen zusammen mit der Ruhe der Landschaft einerseits und dem großen kulturellen Angebot andererseits lassen diese Reise zu einem wahren Genuss werden. Die hier dargestellte Tour eignet sich auch hervorragend zur Kombination mit der zuvor beschriebenen Reise auf dem Strömsholms Kanal, der nur wenige Kilometer östlich von Köping in den Mälaren-See mündet.

Köping

Am Westufer des Mälaren-Sees, im kleinen Gasthafen von Köping, beginnt Ihre Reise. Die Innenstadt ist nur einen Kilometer vom Hafen entfernt, so dass Sie alle nötigen Einkäufe bequem zu Fuß erledigen können. Beginnen Sie Ihren Bummel durch das alte Städtchen in der Altstadt, der »gamla stan«. Die Stadt selbst ist zwar viel älter als die Häuser aus dem 18. Jahrhundert, die Sie hier sehen (die Stadtrechte erhielt Köping 1474), doch im Jahr 1889 wurde fast die ganze Stadt durch eine Feuersbrunst verwüstet. Nur die Altstadt konnte gerettet werden. Prachtvolle Kaufmannshäuser und ein Renaissance-Rathaus säumen den alten Marktplatz. Die Kirche in ihrem heutigen Aussehen stammt aus dem Jahr 1700, ihre Ursprünge gehen jedoch zurück bis ins 14. Jahrhundert. Landesweit bekannte Männer brachte die Stadt hervor: Den Apotheker Carl Wilhelm Scheele, der u.a. den Sauerstoff und den Stickstoff entdeckte. Oder Richard Dybeck, der den Text der schwedischen Nationalhymne schrieb. Dies und mehr aus der Jahrtausende alten Geschichte Köpings können Sie in »Köpings Museum« erfahren. Nur ein paar Häuser weiter finden Sie »Nyströmska gården«: In einer königlichen Brennerei aus dem 18. Jahrhundert, die zugleich das letzte erhaltene Ufergehöft Köpings ist, befinden

sich sehenswerte Ausstellungen mit Ausgrabungsfunden quer durch die Geschichte der Region – Wikingergräber, ein Silberschatz, Werkstätten aus dem 18. und 19. Jahrhundert. Wer sich mehr für die Geschichte des Transportes interessiert, sollte auf keinen Fall einen Besuch des »KUJ-Järnvägsmuseums« auslassen. Im alten Bahnhofsgebäude unweit des historischen Hafenmagazins ist ein Eisenbahnmuseum untergebracht. Die alten Dampfloks werden liebevoll gepflegt und sind noch heute einsatzbereit. In der »Bil & Teknikhistoriska Samlingarna« hat der Autohistoriker Bertil Lindblad absolute Liebhaberstücke, z.B. von Bugatti oder Mercedes, zusammengetragen und restauriert.

Kungsör

Machen Sie fest im idyllisch gelegenen Hafen von Kungsör, der mit allem aufwartet, was das Skipperherz begehrt: Tankstelle, Ver- und Entsorgungsstation, Supermarkt, Bootswerkstätten, Trailerrampe und vielem mehr. Wenn Sie zunächst dem sommerlichen Trubel entfliehen möchten, sind Sie in Kungsör genau richtig. Viele Kilometer

159

ausgewiesener Wanderwege führen durch die Felder und Wälder im Hinterland, eine Landschaft, der noch heute die Spuren der letzten Eiszeit anzusehen sind. Gleich vor den Toren der Stadt ließ Königin Christina ein Steinlabyrinth anlegen. Während in Stockholm eine Epidemie tobte, zog sie sich aufs Land zurück und pflegte hier ihre täglichen Ausritte. Ihr damaliger Wohnsitz »Kungsudden« ist heute ein Heimatmuseum. Das Herrenhaus wurde zur Zeit Gustav Vasas erbaut, und die schwedischen Könige nutzten es als Zufluchtsort und Ausgangspunkt für die Jagd auf Bären. Kungsör nennt zahlreiche Kirchen sein Eigen. Am bekanntesten ist die »Kung Karls kyrka«, die im Jahre 1700 eingeweiht wurde. Die originelle Barockkirche mit dem einzigartigen Kuppeldach beherbergt eine beachtliche Sammlung von Kirchensilber, und die Kanzel stammt immerhin aus der Kapelle des ehemaligen Königspalastes »Tre Kronor«.

Torshälla

Am Ende einer kleinen Bucht am Südufer des Mälaren-Sees finden Sie den malerisch in einem Wäldchen gelegenen Gasthafen von Torshälla. Planen Sie mindestens einen Tag Aufenthalt ein, denn neben der Besichtigung von Torshälla wartet wenige Kilometer südlich von hier die Stadt Eskilstuna auf Ihren Besuch.

Bereits 1317 bekam Torshälla die Stadtrechte verliehen. Bummeln Sie durch die kopfsteingepflasterten Gassen mit ihren zauberhaften Holzhäuschen, einmal rund um den Marktplatz mit seinem Rathaus aus dem Jahr 1833 und der Kirche aus dem 11. Jahrhundert. Der alte Kaufmannshof »Bergströmska gården« aus dem 18. Jahrhundert ist als Heimatmuseum der Öffentlichkeit zugänglich. Dem berühmten Maler und Bildhauer Allan Ebeling ist ein eigenes Museum gewidmet. Eine gesonderte Abteilung des »Ebelingmuseet« beschäftigt sich mit zeitgenössischer schwedischer Fotokunst.

Der feine Sand von den Ufern des Mälaren-Sees wurde schon früh zur Glasherstellung genutzt. Vermutlich im 16. Jahrhundert wurde in der Gegend um den Mälaren-See Schwedens erstes handgearbeitetes Glas gefertigt. Im Museum »Brandt Contemporary Glass« können Sie dem Glasbläser Åsa Brandt bei seiner spannenden Arbeit über die Schulter schauen.

Um nach Eskilstuna zu gelangen, können Sie entweder den Landweg benutzen, oder aber ein Stück in den Hjälmare Kanal einfahren, der den Mälaren-See mit dem Hjälmare-See verbindet. Beim Schloss Sundbyholm erwartet Sie ein Gasthafen, der im Jahr 2000 die höchsten Auszeichnungen des schwedischen Yachthafenführers erhielt.

Eskilstuna

Das Schloss Sundbyholm wurde 1648 von einem Enkel Gustav Vasas errichtet, dem Reichsmarschall Carl Carlsson Gyllenhielm. Ursprünglich befand sich an dieser Stelle ein Johanniterkloster, das aber im Zuge der Reformationsbewegung 1527 geschlossen wurde.

Der heute kanalisierte Eskilstuna-Fluss wurde bereits seit dem 17. Jahrhundert für den Antrieb von Wasserrädern genutzt. Inmitten der Stadt finden Sie die »Rademachersmedjorna«, die Rademacher Schmieden aus dem Jahr 1658, die liebevoll restauriert wurden. Von den ehemals 20 Schmieden sind heute noch sechs in Betrieb und führen Ihnen anschaulich die Entwick-

lung des Handwerks vor. Auch zahlreiche Kunsthandwerker haben hier ihre Werkstätten – lassen Sie sich die Gelegenheit für den Erwerb von Reisemitbringseln nicht entgehen!

Västerås

Man sollte es kaum glauben, aber vor etwa 1000 Jahren war Västerås eine der größten Städte Schwedens. Bis ins 19. Jahrhundert hinein blieb die Stadt einer der wichtigsten Verladehäfen für die Eisenerze und Edelmetalle aus Bergslagen. Diese alte Tradition ist auch dem Gasthafen anzumerken: Die Infrastruktur, die Sie hier vorfinden, lässt absolut nichts zu wünschen übrig.

Traditionen und Geschichte begleiten Sie auf Schritt und Tritt auch in der Stadt selbst. Verschaffen Sie sich einen ersten Überblick im »Västmanland länsmuseum« im Schloss von Västerås. Von der Frühgeschichte bis zur Gegenwart entführen Sie Exponate wie Goldschmuck aus der Eisenzeit und ein großer Silberschatz, der hier gefunden wurde, auf eine Reise durch die Jahrhunderte. Ein ganz besonderes »Ausstellungsstück« liegt aber außerhalb der Schlossmau-

161

ern: Das Königsgrab »Anundhög« aus dem 6. Jahrhundert, das als das größte Schwedens gilt. Der Runenstein aus dem 11. Jahrhundert schildert die Reise der Könige quer durch das Land, die sie anlässlich ihres jeweiligen Regierungsantritts vollzogen. Die Thingstätte von Västerås war eine der festen Stationen dieser Reise. Vor den Toren von Västerås liegen gleich zwei der zahlreichen Schlösser des Mälaren-Sees: Im »Engsö slott« können Sie der Frage, ob es Gespenster wirklich gibt, auf den Grund gehen. Das Spielzeugmuseum auf »Tidö slott« hat Tausende von Kuriositäten zusammengetragen, so z.B. einen Tret-Rolls-Royce für kleine Ölscheichs oder den heiß geliebten Teddybär des heutigen Königs. Außergewöhnliche Stücke ganz anderer Art finden Sie im »Västerås Flygmuseum«. Veteranenflugzeuge, zum Teil noch flugtauglich, können Sie entweder am Boden oder während einer Flugschau bewundern. Der größte Stolz der Stadt aber ist die »Västerås Domkyrka«, ein imposanter Backsteindom aus dem 13. Jahrhundert. Sechs Wandelaltäre, zahlreiche Seitenkapellen und der Sarkophag Eriks XIV. aus Carraramarmor trugen dazu bei, dass der Guide Michelin der Domkirche die höchste Auszeichnung verlieh. Lassen Sie Ihren Besuch von Västerås ausklingen mit einem Bummel durch »Kyrkbacken«, das älteste Holzhausviertel Västerås. Mit Kopfsteinen gepflasterte Gassen winden sich zwischen den alten Handwerker- und Bürgerhäusern hindurch. Aber Vorsicht: Das Häuschen am Nordende des Viertels wurde einst vom Henker bewohnt ...

Strängnäs

Am Ende der langgezogenen Bucht »Strängnäsfjärden« liegt das gleichnamige Städtchen am Südufer des Mälaren-Sees. Im Mittelalter war Strängnäs eine der wichtigsten Städte Schwedens – am 6.6.1523 wurde hier Gustav Vasa zum König gekrönt, was den Schweden ihren Nationalfeiertag bescherte. Das Bild der Altstadt wird geprägt von der hoch aufragenden Kathedrale, die im Jahr 1291 eingeweiht wurde. Karl IX. und Prinzessin Isabella wurden hier zur letzten Ruhe gebettet. Gleich auf dem Kirchengeländе, nördlich der Kathedrale, residierten während des Mittelalters die Bischöfe in ihrem Palast »Roggeborgen«.

Enköping

Bei Ihrer Anfahrt auf Enköping passieren Sie das Schloss »Grönsöö«, das auf der gleichnamigen Insel mitten im Mälaren-See liegt. Ein kurzer Besichtigungsstopp lohnt auf jeden Fall!

Im idyllischen Hafen von Enköping angekommen, geht die Besichtigung gleich weiter: Die alten Hafenmagazine aus dem 18. Jahrhundert wurden sorgfältig restauriert und beherbergen heute Galerien und Cafés. Neben dem »Enköpings museet« sollten Sie auch unbedingt einen Blick ins »J.P. Johansson museet« werfen. Der Erfinder Johansson erwarb über 100 Patente, u.a. für den Schraubenschlüssel und die Rohrzange. Auch das »Westerlundska museet« ist ein beliebtes Ziel – allerdings früher mehr als heute. Der Arzt Ernst Westerlund (1867–1924) war seiner Zeit weit voraus, denn er hatte erkannt, dass jede Krankheit auch eine psychologische Seite besitzt, und individuelle Heilungsprogramme entworfen. Patienten aus ganz Europa suchten bei ihm Linderung. Die »Vårfrukyrkan«, die das Stadtbild von Enköping bestimmt, stammt aus dem 12. Jahrhundert. Kalkmalereien im spätmittelalterlichen Stil zieren ihren Innenraum.

Ein wenig außerhalb von Enköping finden Sie die Kirche von Boglösa. Ein ausgeschilderter Wanderweg führt Sie zu den zahlreichen Felszeichnungen, die sich in der Umgebung der Kirche befinden.

Lassen Sie Enköping hinter sich und wenden Sie Ihr Boot wieder südwärts. Durch zahllose Inselchen hindurch suchen Sie sich gemütlich Ihren Weg durch den »Gripsholmviken«, hinein in den Hafen von Mariefred.

Mariefred

Das Städtchen erhielt seinen Namen durch das Mönchskloster »Pax Mariae«, das hier im 15. Jahrhundert gegründet wurde. Die größte Sehenswürdigkeit Mariefreds ist sicherlich »Schloss Gripsholm«. Erbaut im Auftrag von Gustav Vasa, inspirierte es Kurt Tucholsky zu seinem berühmten Roman. Doch damit nicht genug: Der Autor ist auf dem Gripsholmer Friedhof beerdigt. Im Schloss selbst ist die nationale Portraitsammlung Schwedens mit über 4000 Werken untergebracht. Kunstinteressierte kommen in Mariefred ganz besonders auf ihre Kosten.

1996 weihte König Karl Gustav das »Grafikens Hus« ein, ein nationales und internationales Zentrum für grafische Kunst. Beschaulich geht es zu bei einer Fahrt mit der Schmalspurbahn »Östra Sörmlands Järnväg«. Die Dampflok mit den Wagen aus der Jahrhundertwende verkehrt im Sommer zwischen Mariefred und Läggesta.

Auf Ihrem Weg gen Osten halten Sie sich am Ende des »Södra Björkfjärden« südlich und befahren für ein kurzes Stück den Södertälje Kanal.

Södertälje

Willkommen in der Geburtsstadt Björn Borgs! Mitten in der Altstadt liegt der Gasthafen mit seinen zahlreichen Annehmlichkeiten. Steigen Sie zunächst auf den Berg »Torehällberget« – von hier aus haben Sie nicht nur eine grandiose Aussicht über ganz Södertälje und das nahe gelegene Meer, sondern hier befinden Sie sich auch mitten in einem Freilichtmuseum, das auf spielerische Art die früheren Zeiten veranschaulicht. Spielerisch geht es auch zu im Wissenschaftsmuseum »Tom Tits Experiment«. Über 400 Experimente für Groß und Klein erklären Ihnen Physik und Chemie auf eine Weise, die Sie sich sicherlich seinerzeit von Ihren Lehrern gewünscht hätten. In der »Marcus Wallenberg Halle« hat die Motorenfabrik Scania ein Museum eingerichtet. Über 100 Jahre Transportgeschichte sind hier zusammengetragen, vom Fahrrad über PKWs bis hin zu schweren LKWs.

Schweden war schon immer Vorreiter in Europa, wenn es um Frauenfragen ging. In Södertälje lebte und wirkte die erste Journalistin Schwedens, Wendela Hebbe (1808–1899). Ihr Geburtshaus in der Vettergatan beherbergt viele Erinnerungsstücke an die große Dame des Journalismus. Wenige Kilometer südlich von Södertälje und gleich am Meer liegt »Tullgarn«, das Lustschlösschen Gustavs V. aus dem 18. Jahrhundert. Lustwandeln Sie hier ein wenig durch die bezaubernden Gärten, bevor Sie sich wieder auf den Weg nach Norden machen.

Lassen Sie Stockholm noch ein wenig rechts liegen und fahren Sie hinauf nach Sigtuna. Wer mag und Zeit hat, kann auch noch einen Abstecher in die alte Universitätsstadt Uppsala machen, die nur wenige Kilometer nördlich liegt.

Sigtuna

Auf Björkö (das inzwischen zum UNESCO-Weltkulturerbe gehört) gründeten die Wikinger die erste Stadt Schwedens. Doch diese wurde bald wieder aufgegeben, und es entstand Sigtuna. An der Schwelle zum Mittelalter errichtete hier König Erik Segersäll 980 seinen Hof, die Stadt wurde bald zum Bischofssitz, und auch die ersten schwedischen Münzen wurden hier geprägt. Verfolgen Sie die ruhmreiche Geschichte des kleinen Städtchens im »Sigtuna Museum«, das neben Fundstücken aus der Gegend wertvolle Exponate aus Russland und Byzanz sein Eigen nennt. Das mittelalterliche Stadtbild Sigtunas mit seinen schmalen Gassen, den majestätischen Kirchen und prunkvollen Kaufmannshäusern ist zum großen Teil erhalten geblieben. Sigtuna ist heute berühmt für sein Rathaus aus dem Jahr 1744 – das kleinste in ganz Skandinavien.

Stockholm

Ihre Reise endet in Stockholm, der Hauptstadt Schwedens. Sie haben die Auswahl zwischen zahlreichen hervorragenden

Das Stadtbild von Sigtuna ist geprägt von den Spuren der Wikingerzeit.

Gasthäfen – einige im Mälaren-See, andere in den idyllischen Schärengärten am Meer.

Im Jahr 1252 wurde der Bau Stockholms begonnen; eine Stadt, die auf insgesamt 14 Inseln ruht. Dank hervorragender Umweltschutzbestimmungen ist das Wasser so rein, dass Sie mitten in der City baden und angeln können. Stockholms Sehenswürdigkeiten sind derart zahlreich, dass eine Beschreibung aller den Rahmen dieses Buches sprengen würde. Am besten beginnen Sie mit einem Spaziergang durch die Altstadt, der »Gamla Stan«. Besichtigen Sie das »Kungliga Slottet«, die Empfangsräume des königlichen Palastes und die »Riddarholm-

Klein, aber oho: Sigtunas Rathaus, das kleinste in ganz Skandinavien.

700 Jahre alte »Storkyrkan«, die Kathedrale Stockholms mit ihrer bekannten Skulptur von St. Georg und dem Drachen, sowie das »Stadshuset«, ein Meisterstück romantischer Baukunst. Im Blauen und Goldenen Saal des Stadshuset findet alljährlich die Nobelpreisgala statt.

Verlassen Sie Stockholm nicht, ohne die Gegend vor den Toren der Stadt erkundet zu haben: An den letzten Ausläufern des Mälaren-Sees liegt die königliche Residenz »Schloss Drottningholm« mit ihrem chinesischen Pavillon aus dem Jahr 1760, der heute zum Weltkulturerbe des UNESCO zählt. Auf Djurgården ist das Kriegsschiff »Wasa« ausgestellt, das 1628 im Stockholmer Hafen gesunken ist. 1956 wurde es in aufwändiger Arbeit gehoben und restauriert. Ebenfalls auf Djurgården befindet sich das Freilichtmuseum »Skansen« mit 150 Gebäuden und zauberhaft angelegten Gärten.

Erkundigen Sie sich im Touristenbüro nach Rundfahrten durch Stockholms Schärengarten: Eine Fahrt durch die ungefähr 24 000 Inseln, Eilande und schroffen Felsklippen setzt einen glanzvollen Schlusspunkt hinter Ihre erlebnisreiche Reise.

kyrkan«, in der die schwedischen Monarchen zur letzten Ruhe gebettet werden. Viele der über 70 Museen Stockholms haben die Geschichte des königlichen Lebens zum Thema.

Mit eher leiblichen Genüssen befassen sich das »Tobaks museet« und das »Vin & Sprithistoriska Museet«. Eine gute Einstimmung für den späteren Besuch eines der Spitzenrestaurants Stockholms! Zwei Wahrzeichen der Stadt finden Sie ebenfalls in Gamla Stan: Die

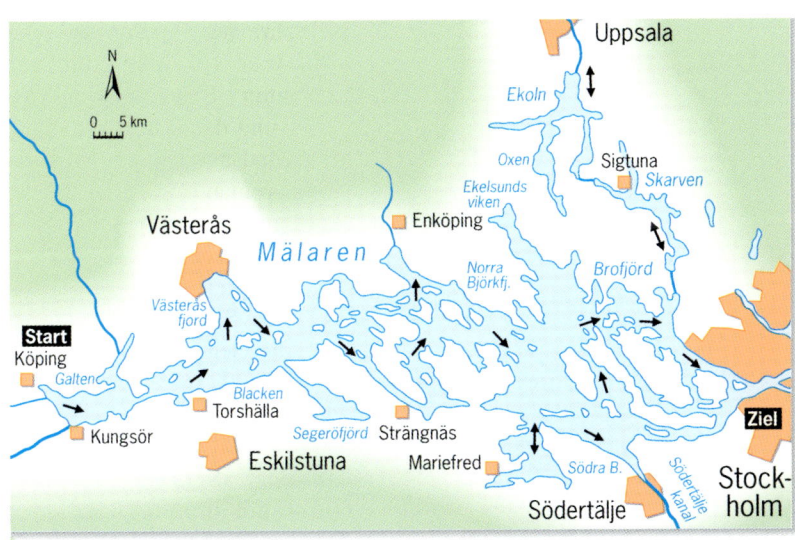

Adressen

Touristische Informationen:

Enköpings Turistinformation
Kungsgatan 42
S – 74580 Enköping
Tel.: 0046-171-25040
Fax: 0046-171-25311
Website: www.enkoping.se
E-Mail: turism@enkoping.se

Eskilstuna turistbyrå
Nygatan 15
S – 63186 Ekilstuna
Tel.: 0046-16-107000
Fax: 0046-16-514575
Website: www.eskilstuna.se
E-Mail: info@turism.eskilstu-
na.se

Information Köping
Barnhemsgatan 2
S – 73132 Köping
Tel.: 0046-221-25655
Fax: 0046-221-25050
Website: www.koping.se
E-Mail: tourist@koping.se

Kungsörs Turistinformation
Järnvägsgatan 4
S – 73632 Kungsör
Tel.: 0046-227-600101
Fax: 0046-227-600154
Website: www.kommun.kung-
sor.se
E-Mail: inger.holmquist@kom-
mun.kungsor.se

Mariefreds turistbyrå
Rådhuset

167

S – 64700 Mariefred
Tel.: 0046-159-39699
Fax: 0046-159-29795

Sigtuna turistbyrå
Stora gatan 33
S – 19330 Sigtuna
Tel.: 0046-8-59250020
Fax: 0046-8-59251244
Website: www.sigtuna.se
E-Mail: turism@sigtuna.se

Träffpunkt Tälje AB
Saltsjögatan 2 / Saltsjötorget
S – 15171 Södertälje
Tel.: 0046-8-55018899
Fax: 0046-8-55014014
Website: www.traffpunkttalje.se
E-Mail: sodertaljeturism@traff-
punkttalje.se

Sörmlandsturism
Box 58
S – 61122 Nyköping
Tel.: 0046-155-245900
Fax: 0046-155-288369
Website: www.sormlandstu-
rism.se
E-Mail: info@sormlandstu-
rism.se

Stockholm Visitors Board AB
Sverigehuset, Hamngatan 27
Bos 7542
S – 10393 Stockholm
Tel.: 0046-8-7892400
Fax: 0046-8-7892450

Website: www.stockoholm-
town.se
E-Mail: info@stoinfo.se

Strängnäs Turistbyrå
Grassagården
Kvarngatan 2
S – 65430 Strängnäs
Tel.: 0046-152-29694
Fax: 0046-152-29695
Website: www.strangnas.se
E-Mail: malarturism@stran-
gnas.se

Uppsala Tourism AB
Fyristorg 8
S – 75310 Uppsala
Tel.: 0046-18-7274800
Fax: 0046-18-692477
Website:
http://res.till.uppland.nu/turist/
E-Mail:
info@uppsalatourism.se

Västerås Turistbyrå
Stora gatan 40
S – 72187 Västerås
Tel.: 0046-21-103830
Fax: 0046-21-103850
Website: www.vasteras.se
E-Mail: webmaster@vasteras.se

Sehenswürdigkeiten:

KUJ-Järnvägsmuseum
Hamnplan
S – 73136 Köping
Tel.: 0046-221-25351

Bil & Teknikhistoriska
Samlingarna
Glasgatan 19
Box 2053
S – 73102 Köping
Tel.: 0046-221-20600

Engsö slott
S – 72598 Västerås
Tel.: 0046-171-444012
Fax: 0046-171-444025
Website: www.engsoslott.com
E-Mail: info@engsoslott.com

Boglösa Hällristningsgård
Boglösa by
S – 74597 Enköping
Tel.: 0046-171-89063

Schloss Gripsholm
Box 14
S – 64721 Mariefred
Tel.: 0046-159-10194

Schloss Drottningholm
Ekerö
S – 17802 Drottningholm
Tel.: 0046-8-4026280

Kunliga Slottet (Königliches
Schloss)
S – 11130 Stockholm
Tel.: 0046-8-4016130

Kathedrale »Storkyrkan«
Trångsund 1
S – 11129 Stockholm
Tel.: 0046-8-7233009

Tobaks museet
Gubbhyllan, Skansen
S – 11525 Stockholm
Tel.: 0046-8-4428026

Vin & Sprithistoriska Museet
Dalagatan 100
S – 11343 Stockholm
Tel.: 0046-8-7447070

Vasamuseet
Galärvarvet, Djurgården
S – 11525 Stockholm
Tel.: 0046-8-51954800

Häfen:

Köping
Tel.: 0046-221-25655

Kungsör
Tel.: 0046-227-60101

Borgåsund
Tel.: 0046-220-43087

Kvicksund
Tel.: 0046-16-354785

Västerås
Tel.: 0046-21-130025

Torshälla
Tel.: 0046-16-107359

Sundbyholm
Tel.: 0046-16-96571

Strängnäs
Tel.: 0046-152-16870

Stallarholmen
Tel.: 0046-152-43334

Enköping
Tel.: 0046-171-21892

Kolarudd
Tel.: 0046-171-80037

Kungsängen
Tel.: 0046-8-58171011

Sigtuna
Tel.: 0046-8-59251391

Skokloster
Tel.: 0046-18-386011

Härjarö
Tel.: 0046-171-82290

Björkö
Tel.: 0046-8-56051031

Slandökalv
Tel.: 0046-8-55051431

Södertälje
Tel.: 0046-8-55064712

Rastaholm
Tel.: 0046-8-56023070

Törnbyviken
Tel.: 0046-8-56024635

Skytteholm
Tel.: 0046-8-56023600

Tappström
Tel.: 0046-8-56039167

Slagsta Marina
Tel.: 0046-8-53177788

Stockholm Navishamnen
Tel.: 0046-8-6621127

Stockholm Wasahamnen
Tel.: 0046-8-6614359

Stockholm KMK
Tel.: 0046-8-6621772

Restaurants:

Gisslarbo Vårdshus
Gisslarbo
S – Kolsva
Tel.: 0046-221-52030

Athos Café & Matsalar
Hamnplan 5
S – 73136 Köping
Tel.: 0046-221-15070

Restaurang Glada Gösen
Malmön
S – 73137 Köping
Tel.: 0046-221-20082

Rackaregården
Kungsgatan 52

S – 73632 Kungsör
Tel.: 0046-227-10550

Tors Hammare
Brogatan 13
S – 64432 Torshälla
Tel.: 0046-16-356650

Torshälla hamnrestaurang
Storgatan 47
S – 64431 Torshälla
Tel.: 0046-16-358743

Schloss Sundbyholm
S – 63508 Eskilstuna
Tel.: 0046-16-428400

Restaurang Norrtull
Storgatan 26
S – 64530 Strängnäs
Tel.: 0046-152-16888

Gripsholms Värdshus & Hotel
Kyrkogatan 1
S – 64723 Mariefred
Tel.: 0046-159-34750

Skogshöjd
Täppgatan 15
S – 15133 Södertälje
Tel.: 0046-8-55092600

Tullgarns Värdshus
S – 61074 Vagnhärd
Tel.: 0046-8-55172026
(Restaurant im Lustschlösschen
am Meer)

Båthuset Krog & Bar
Kallbadhusviken, Strand-
promenaden
S – 19330 Sigtuna
Tel.: 0046-8-59256780

Sigtuna Stads Hotell
Stora Nygatan 3
S – 19330 Sigtuna
Tel.: 0046-8-59250100

Restaurant Kaknästornet
Mörka Kroken 28-30
S – 11527 Stockholm
Tel.: 0046-8-6672180
(Restaurant auf dem Kaknä-
sturm in 60 m Höhe. Grandio-
ser Ausblick über die Stadt.)

Utö Värdshus
S – 13056 Utö
Tel.: 0046-8-50420300
(Bestes Restaurant im Stock-
holmer Schärengarten.)

10 Goldene Regeln für Ihre Sicherheit auf dem Wasser

Jeder Skipper und Kapitän sollte die zehn wichtigsten Regeln für das Verhalten auf dem Wasser kennen und vor allem natürlich auch berücksichtigen, und zwar im Interesse der eigenen Sicherheit und der seiner Besatzung/Begleitung. Das gilt auch und gerade für den Skipper/Kapitän auf Zeit.

Diese 10 Regeln, wie sie im untenstehenden Kasten abgedruckt sind, wurden vom Deutschen Motor-Yacht Verband (DMYV) zusammengestellt:

Richtlinien für die Boots-Charter

Auch bei der Charter von Hausbooten gibt es einige Aspekte zu beachten, damit Ihre Reise zur Erholung wird und unliebsame Überraschungen möglichst ausgeschlossen werden. Die Vereinigung Deutscher Yacht-Charterunternehmen (VDC) hat hierzu Richtlinien erlassen, die im folgenden aufgeführt sind:

1. Werbung

In der Werbung des Vercharterers bzw. der Charteragentur, ausgenommen in Anzeigen, sol-

10 Goldene Regeln für Ihre Sicherheit auf dem Wasser

1. Überprüfen Sie vor Fahrtantritt, dass sich für jedes Crewmitglied eine Schwimmweste an Bord befindet, die den Sicherheitsvorschriften entspricht. Die Rettungsweste muss gewährleisten, dass im Fall der Bewusstlosigkeit der Kopf optimal gelagert wird und nicht unter Wasser gerät.
2. Die Rettungswesten müssen für jedermann zu jeder Zeit greifbar sein.
3. Jedes Crewmitglied muss den Umgang mit der Rettungsweste beherrschen. Es empfiehlt sich, vor Reiseantritt das Anlegen zu üben.
4. Prüfen Sie durch das Aufblasen der Rettungsweste mit dem Mund, dass sie im Notfall auch einsatzbereit ist.
5. Bei einer schlechten Wetterlage, beim Fahren von Manövern und beim Arbeiten an Deck sollte immer eine Schwimmweste angelegt werden.

len angegeben sein:

a) Der volle Name der Firma des Vercharterers bzw. des Agenten mit Postanschrift, Telefon und ggf. Fax und/oder Telexnummer;

b) die verschiedenen Typenbezeichnungen der angebotenen Boote oder, wenn keine allgemein bekannten Typen angeboten werden, folgende Maße: Länge über Alles, Breite über Alles, Zahl der Kojen;

c) Orte, ab denen verchartert wird;

d) klare und unmissverständliche Angaben über Charter-

preise, Höhe und Zahlungsart einer etwaigen Kaution sowie gesonderte Berechnung zusätzlicher Ausrüstung.

2. Chartervertrag

Der Chartervertrag bzw. die Anlagen zum Vertrag sollen enthalten:

a) Die genaue Bezeichnung des vercharterten Bootes;

b) Tag und Stunde des Beginns und des Endes der Charterperiode;

c) die unter 1.d genannten Angaben;

d) bestehende Versicherungen, insbesondere Haftpflicht-

6. Achten Sie darauf, dass Kinder und Nichtschwimmer an Bord immer eine Schwimmweste tragen.

7. »Mann über Bord« – Leiten Sie die Sofortmaßnahmen zur Rettung ein. Werfen Sie dem Überbordgefallenen unmittelbar eine Rettungshilfe zu und behalten Sie die Person so lange im Auge, bis die Bergung abgeschlossen ist. Der Überbordgefallene sollte mit der Signalpfeife oder durch Rufen auf sich aufmerksam machen.

8. Tritt der Notfall ein, dass Ihr Boot zum Beispiel kentert und sinkt, dann versuchen Sie, so lange wie möglich am Schiff zu bleiben und sich festzuhalten.

9. Verschwenden Sie nicht unnötige Kraft mit Schwimmbewegungen, das fördert die Unterkühlung. Bleiben Sie zusammen. Fassen Sie sich an den Händen oder binden Sie sich aneinander.

10. Behalten Sie im Wasser unbedingt die Kleidung und die Schuhe an. Sie schützen Sie gegen Unterkühlung.

/Kaskoversicherungen, sowie Angaben darüber, inwieweit diese Versicherungen im Charterpreis enthalten sind oder gesondert bezahlt werden müssen;

e) Anforderungen des Vercharterers an den Nachweis der Fähigkeit des Charterers und seiner Crew, das gecharterte Boot im vorhergesehenen Revier sicher zu führen;

f) den Hinweis darauf, dass dem Charterer auf Verlangen eine Ausrüstungsliste des gecharterten Bootes auszuhändigen ist;

g) die Verpflichtung des Charterers und seiner Crew, sich innerhalb der Charterperiode gründlich in das Boot einweisen zu lassen und bei Rückgabe des Bootes an einer gründlichen Durchsicht teilzunehmen;

h) Abgrenzung des Reviers, in welchem das gecharterte Boot vom Charterer gefahren werden darf;

i) Regelungen, ob der Vercharterer Seekarten bereitstellt;

j) Regelung über die Berechtigung des Charterers, während der Charterperiode notwendig gewordene Reparaturen mit oder ohne vorherige Zustimmung des Vercharterers ausführen zu lassen, sowie Bestimmungen, durch wen ggf. solche Reparaturen ausgeführt werden dürfen;

k) Regelungen über die finanziellen Verpflichtungen des Charterers für den Fall, dass die Charter nicht angetreten werden kann, und des Vercharterers für den Fall, dass dieser das Boot nicht oder nicht zum vereinbarten Zeitpunkt oder am vereinbarten Ort zur Verfügung stellen kann.

3. Charterpreis

Folgende Angaben sollten vorhanden sein:

a) klare und unmissverständliche Charterpreise;

b) Angaben über Fälligkeit und Zahlungsart des Charterpreises;

c) Angaben über etwaige zusätzliche Kosten;

d) deutliche Trennung einer etwaigen Kaution vom Charterpreis unter Angabe einer etwaigen Selbstbeteiligung.

4. Übergabe des Bootes

Das vercharterte Boot sollte zum vereinbarten Zeitpunkt am vereinbarten Ort sauber und voll ausgerüstet übergeben werden. Bci dcr Übergabe hat eine gründliche Einweisung des Charterers und seiner Crew in

Königliche Ansichten: Schloß Drottningholm.

alle technischen Funktionen unter gleichzeitiger Kontrolle dieser Funktionen stattzufinden. Es ist nachzuweisen, wo jeder Gegenstand der Einrichtung und der Ausrüstung verstaut ist. Zahl und Ordnungsmäßigkeit der Ausrüstung sind gemeinsam zu dokumentieren.

5. Ausrüstung

Die gesamte Ausrüstung des Bootes hat hohen Ansprüchen zu genügen. Stehendes und laufendes Gut, Leinen, Segel und die gesamte sonstige Ausrüstung müssen in gebrauchsfähigem Zustand sein.

In Anlehnung an die internationalen Richtlinien für die Ausrüstung und Sicherheit seegehender Boote und unter besonderer Berücksichtigung der an Charterboote zu stellenden Ansprü-

che werden für die Binnenschifffahrt mindestens folgende Ausrüstungsgegenstände empfohlen:

a) vier bis sechs Fender, je nach Größe der Boote;

b) so viele ohnmachtssichere Schwimmwesten und Lifebelts, wie es die nationalen Regelungen vorschreiben;

c) Ankergeschirr entsprechend den nationalen Regelungen;

d) mindestens zwei Handfeuerlöscher;

e) Bilgenlenzpumpen nach Vorschrift, davon mindestens eine von Hand zu bedienen;

f) Erste-Hilfe-Ausrüstung.

Die nationalen Vorschriften bezüglich der Mindestausrüstung in den einzelnen Ländern sind in jedem Fall einzuhalten.

175

Allgemeine Regeln für das Fahren auf Wasserstraßen

Gute Charterunternehmen rüsten ihre Kunden ausreichend mit Unterlagen bezüglich der allgemeinen Verkehrsregeln auf dem Wasser aus. Trotzdem seien hier noch einmal einige Grundlagen aufgeführt:

1. Die Berufsschifffahrt hat immer Vorfahrt vor Sportschiffen und darf nicht behindert oder zu einer Kursänderung gezwungen werden.
2. Wie im normalen Straßenverkehr gilt auch auf dem Wasser das Rechtsfahrgebot.
3. Überholt wird normalerweise von links. Ist ein Fahrwasser sehr breit, darf dies auch auf der rechten Seite erfolgen. In jedem Fall muss mit dem Setzen der blauen Flagge am Bug zu erkennen gegeben werden, dass man die Absicht hat, zu überholen.
4. Die Geschwindigkeitsbegrenzungen können in den verschiedenen Gewässern sehr unterschiedlich sein. Sportboote, die weniger als 20 t wiegen (und dazu zählen natürlich auch die Hausboote), dürfen generell nicht schneller als 8 km/h auf Kanälen und 10 km/h auf Flüssen fahren. Die Geschwindigkeitsbe-

grenzung dient in erster Linie dem Schutz der Uferböschungen und der Brücken.
5. Unnötiger Lärm, Luft- und Gewässerverschmutzung sind unbedingt zu vermeiden. Das Befahren und Ankern in Schilfgebieten ist grundsätzlich verboten. Halten Sie den vorgeschriebenen Mindestabstand ein und fahren Sie niemals in gesperrte Naturschutzzonen. Abfall- und Fäkalienentsorgung bitte nur bei den dafür vorgesehenen Einrichtungen! Vermeiden Sie auch beim Warten und Betanken Ihres Bootes Gewässerverschmutzungen durch Öl und ölhaltige Abfälle.
6. Das Anlegen und Übernachten ist grundsätzlich überall erlaubt, es sei denn, ein Schild weist ausdrücklich auf ein Anlege- oder Liegeverbot hin. Generell verboten aber ist das Anlegen unter Brücken, vor Schleusen, in engen Kurven und an unübersichtlichen Stellen.

Für die Sportschifffahrt wichtige Schifffahrtszeichen:

Verbotszeichen

 Durchfahrt (Einfahrt) verboten

 Überholverbot

 Verbot des Begegnens und Überholens

 Liegeverbot

 Ankerverbot

 Festmachen verboten

 Wendeverbot

 Wellenschlag und Sogwirkung vermeiden

 Fahrverbot für Sportboote

 Verbot für Ruder- und Paddelfahrzeuge
(Schild auch mit Segel- oder Windsurf-Symbol)

 Verbot für Fahrzeuge mit Maschinenantrieb
(Schild auch mit Jetski- oder Wasserski-Symbol)

Gebotszeichen

 Angezeigte Richtung fahren

 Anhalten
(teilw. mit Zusatzschild)

 Geschwindigkeitsbeschränkung
(km/h)

 Schallsignal geben

 Achtung (teilw. mit Zusatzschild)

 Fahrzeuge auf dem Hauptfahrwasser
dürfen bei der Einfahrt nicht
behindert werden

Eingeschränkte Zeichen

 begrenzte lichte Höhe
(teilw. mit Meterangabe)

 begrenzte Fahrwassertiefe
(teilw. mit Meterangabe)

 begrenzte Breite Durchfahrt
(teilw. mit Meterangabe)

 Abstand vom Ufer (Schild) halten
(teilw. mit Meterangabe)

ANHANG

Hinweiszeichen

 Einfahrtstafel

 kreuzende Freileitung

 Stauanlage – Wehr

 freifahrende Fähre

 nicht freifahrende Fähre

 Liegeplatz

 Wendestelle

 Abzweig oder Einmündung eines Nebenfahrwassers

 Ankerplatz

 Ende eines Verbotes oder Gebotes

 Nautischer Informationsfunk (UKW auch als VHF bez.)

Fahrwasserkennzeichen

 Fahrwassereinfahrt

 Fahrwasserausfahrt (selten)

 Lage des Fahrwassers am rechten Ufer

 Lage des Fahrwassers am linken Ufer

 gefährliche Stellen am rechten Ufer

 gefährliche Stellen am linken Ufer

Empfehlungszeichen

 Empfehlung, in Pfeilrichtung zu fahren

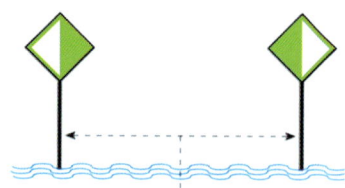

Empfehlung, sich im durch die Tafeln begrenzten Raum zu halten

Zeichen an Brücken und Schleusen:

Schifffahrtszeichen an Brücken

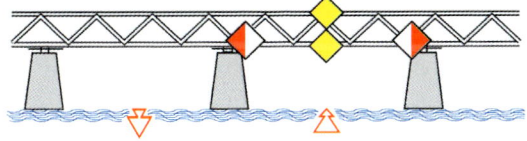

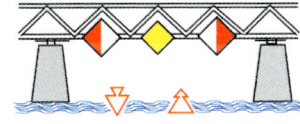

Am Tage

Die Beschilderung bezeichnet die Durchfahrt zwischen den Brückenpfeilern. Außerhalb der ausgeschilderten Durchfahrt ist das Passieren der Brücke verboten. Die bezeichnete Passage ist für den Gegenverkehr gesperrt, der durch ein anderes Brückenjoch gelenkt wird.

Am Tage

Hier wird die Schifffahrt in beide Richtungen durch das bezeichnete Brückenjoch gelenkt. Daher sollte man sich an das Rechtsfahrgebot halten. Außerhalb der beschilderten Durchfahrt ist das Passieren der Brücke verboten.

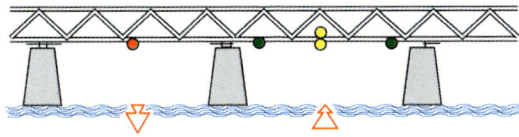

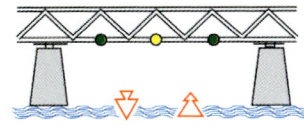

In der Nacht

Zwei übereinander stehende weiße Lichter zwischen zwei grünen Lichtern bezeichnen in der Nacht die Brückendurchfahrt dort, wo die Hauptfahrwasser für die Nachtfahrt eingerichtet sind. Es gelten die oben für die Fahrt am Tage genannten Regeln.

In der Nacht

Ein weißes Licht zwischen zwei grünen Lichtern bezeichnet die Brückendurchfahrt, die von der Schifffahrt in der Nacht in beiden Richtungen zu passieren ist. Es gelten die oben für die Fahrt am Tage genannten Regeln.

ANHANG

Lichtsignale an Schleusen:

 Keine Einfahrt

 Einfahrt
(bei Doppelkammer-
schleusen das Zusatz-
signal beachten)

 Einfahrt
vorbereiten

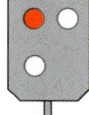 Schleuse außer
Betrieb

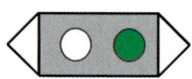 Einfahrtsignal (rechte Kammer)
bei Doppelkammerschleusen

Betonnung und Befeuerung:

Fahrwasser: stromab

 rechte Seite

 Fahrwasserspaltung

 linke Seite

 Fahrwassermitte

Untiefen:

Nord Ost

Süd West

 Einzelgefahr
(Untiefen)

Lästig, aber nützlich: Die Schleusen

Zwar stellen Schleusen oft eine unliebsame Unterbrechung Ihrer Reise dar, doch ohne sie gäbe es kein Fortkommen. Planen Sie pro Schleuse 15 bis 40 Minuten Zeit ein und berücksichtigen Sie diese Zeit bei der Planung Ihrer Tagesetappe.

Damit die Schifffahrt reibungslos ablaufen kann, müssen auch Schleusen von Zeit zu Zeit gewartet werden. Dies geschieht meist im Winter, und die Schleusen werden zu diesem Zweck geschlossen. Das örtliche Kanalbüro, das Wasser- und Schifffahrtsamt und auch Ihr Charterunternehmen kann Ihnen hierzu genaue Auskünfte geben. Auch an Feiertagen ist der Schleusenbetrieb oft eingeschränkt bzw. nur auf Antrag möglich. Die Schleusenwärter halten eine Mittagspause ein, und mit Einbruch der Dunkelheit wird die Schleuse für die Nacht geschlossen. Die genauen Zeiten erfahren Sie ebenfalls bei den Wasser- und Schifffahrtsämtern, den Kanalbüros und Ihrem Charterunternehmen.

Abhängig von der Art der Nutzung der Schleuse (Freizeit- und/oder Berufsschifffahrt) variieren auch die Abmessungen der Schleusen. Da Hausboote jedoch zu den kleineren Fahrzeugen zählen, dürften hier keine Probleme entstehen.

Die Benutzung der Kanäle und Schleusen ist in Skandinavien gebührenpflichtig. Erkundigen Sie sich bei Ihrem Charterunternehmen, ob diese Gebühr im Mietpreis enthalten ist. Sollte dies nicht der Fall sein, können Sie die so genannte »Kanal- und Schleusenkarte« beim jeweils zuständigen Kanalbüro erwerben.

Man unterscheidet verschiedene Arten von Schleusen:

Große Wasserstraßen

Auf den großen Wasserstraßen werden die Schleusen ausschließlich von Schleusenwärtern bedient. Sie kontrollieren den gesamten Vorgang und legen auch die Reihenfolge fest, in der die Schiffe und Boote in die Schleusenkammer einfahren dürfen. Berufsschiffe haben grundsätzlich Vorrang.

Kleinere Wasserstraßen / Kanäle

Auf vielen Kanälen und kanalisierten Flüssen sind einige Schleusen auf halb- oder vollautomatische Bedienung eingerichtet. Rote und grüne Lichter (wie bei Verkehrsampeln) regeln den Schleusenverkehr. Leuchten das rote und das grüne Licht gleichzeitig, ist die Schleuse in Vorbereitung, bei grün dürfen Sie einfahren.

Automatische Schleusen

Man unterscheidet zwischen halbautomatischen und vollautomatischen Schleusen. Bei halbautomatischen Schleusen wird das herannahende Boot von einem Fotodetektor erfasst. Wenn das Signallicht automatisch auf grün umschaltet, dürfen Sie in die Schleuse einfahren. Kurz vor dem Schleusentor befindet sich ein Hebelarm, der mindestens fünf Sekunden lang gegen die Mauer gedrückt werden muss. Durch das Betätigen dieser Meldestange wird der Schleusenvorgang gestartet. Für Notfälle ist eine zusätzliche rote Stange vorhanden.

Die vollautomatische Schleuse ist an allen Schleusentoren mit Fotozellen ausgestattet. Sie registrieren das Boot beim Anfahren, beim Einfahren in die Schleuse und auch bei der Ausfahrt. Somit entfällt die manuelle Betätigung des Hebelarmes.

Bei beiden Arten der automatischen Schleuse ist darauf zu achten, dass Sie die Schleuse wirklich langsam anfahren, damit die Fotozellen Ihr Boot richtig erfassen können!

Schleusen mit Schleusenwärtern

Nähert man sich einer bemannten Schleuse, gibt man einen langen Signalton und teilt dem Schleusenwärter so mit, dass man seine Schleuse passieren möchte. Stoppen Sie mindestens 50 Meter vor der Schleuse und warten Sie auf das Zeichen des Schleusenwärters, dass die Schleuse zur Einfahrt bereit ist. Es ist üblich, dass ein Crewmitglied aussteigt und dem Schleusenwärter zur Hand geht, bis der Vorgang abgeschlossen ist.

Unbemannte Schleusen

Auf kleinen Wasserstrassen sind die meisten Schleusen unbemannt und werden vom Bootsführer selbst bedient. Zu diesem Zweck benötigen Sie eine Handkurbel, die Sie entweder von Ihrem Charterunternehmen oder von der letzten bemannten Schleuse auf Ihrer Route erhalten. Die Anleitung zum Bedienen der Schleusen erhalten Sie ebenfalls von Ihrem Vercharterer.

Allgemeines

Reisedokumente:

Bei einem Aufenthalt bis zu drei Monaten genügt für die Einreise in skandinavische Länder ein gültiger Personalausweis oder Reisepass. Kinder unter 16 Jahren benötigen einen Kinderausweis oder einen Eintrag im Pass ihrer Eltern.

Telefonieren:

Vorwahlen:

Nach Schweden (Finnland/Norwegen): 0046 (00358/0047) + Telefonzonenvorwahl ohne vorangestellte 0 + Teilnehmernummer. (Im Buch sind alle Nummern in Skandidnavien so angegeben, wie sie von außerhalb des jeweiligen Landes anzurufen wären. Wenn Sie innerhalb des jeweiligen Landes einen der angeführten Teilnehmer anrufen möchten, lassen Sie die Landesvorwahl weg und stellen der angegebenen Telefonzonenvorwahl wieder eine 0 voran.)

Nach Deutschland: 0049 + Ortskennziffer ohne 0 + Teilnehmernummer.

»Collect Call« bedeutet, dass der angerufene Teilnehmer die Gebühren bezahlt. Collect Call können Sie in Schweden bestellen unter 020-0018.

Mit »Country Direkt« können Sie von Schweden aus telefonieren und die Telefongebühren in Deutschland mit Ihrer normalen Telefonrechnung bezahlen.

Country Direkt können Sie unter der Nummer 020-799-049 bestellen.

Notruf:
Schweden:
Polizei und Feuerwehr: 112
Norwegen:
Feuerwehr: 110
Polizei: 112
Krankenwagen: 113
Finnland:
Notarzt, Polizei, Krankenwagen, Feuerwehr: 112

Angeln:

Für die meisten skandinavischen Gewässer muss ein Erlaubnisschein gekauft werden. Genaue Informationen und eine Liste der Bezugsquellen für Angel-Erlaubnisscheine erhalten Sie bei folgenden Adressen:

Schweden:

Top 10 Fishing Sweden
Information & Bookingcenter
S – 56693 Brandstorp
Tel.: 0046-31-3384485
Fax: 0046-31-3384486
E-Mail: info@top10fishing.com
Website:
www.top10fishing.com

Norwegen:

Direktoratet for naturfor-valt-
ning
Tungasletta 2
N – 7485 Trondheim
Tel.: 0047-73-580500
Fax: 0047-73-580501
E-Mail: postmottak@dirnat.no
Website: www.dirnat.no

Finnland:

Finnische Zentrale für
Tourismus
Lessingstr. 5
60325 Frankfurt
Tel.: 069-50070157
Fax: 069-7241725
E-Mail: finnland.info@mek.fi
Website: www.mek.fi

Allemansrätten (Jedermannsrecht)

Den Urlaubern in skandinavischen Ländern ist gerade das Erleben der überwältigenden Natur
besonders wichtig. Damit Flora
und Fauna so faszinierend bleiben und die Bewohner nicht
über Gebühr gestört werden, gilt
in Skandinavien das so genannte
»Allemansrätten«, das Jedermannsrecht. Neben dem Grund-
satz »nicht stören, nicht zerstö-
ren« sind folgende Regeln zu
beachten:

- Sie dürfen sich frei in der
  Natur bewegen, ausgenommen sind jedoch (auch nicht
  eingezäunte) Hausgrund-
  stücke. Devise: »Außer Sichtweite bleiben«.
- Gezeltet werden darf eine
  Nacht ohne Einwilligung des
  Grundeigentümers, allerdings
  nicht auf landwirtschaftlichen
  Nutzflächen oder in der Nähe
  von Wohn- und Ferienhäu-
  sern. Gruppen müssen in
  jedem Fall um Erlaubnis fragen. Mit Camping- oder
  Wohnmobilen sollten Cam-
  pingplätze allein schon auf
  Grund der dort vorhandenen
  Entsorgungsvorrichtungen
  angesteuert werden. Mit mo-
  torisierten Fahrzeugen darf
  nicht im Gelände gefahren
  werden.
- Besondere Vorsicht ist beim
  Feuermachen geboten. Lager-
  feuer sind nur erlaubt, wenn
  keine Waldbrandgefahr
  herrscht. In Natur- oder Nationalparks ist es meistens
  verboten. Für Schäden ist der
  Verursacher in vollem Umfang haftbar. Auf Felsen und
  Klippen dürfen nie Feuer entzündet werden, da die Steine
  durch Hitze bersten können.
- Abfälle dürfen nicht zurück-
  gelassen werden.

Die norwegische Natur bildet eine atemberaubende Kulisse für Ihre Reise.

- In Wald und Flur können Blumen und Beeren gepflückt, Pilze, herabgefallene Zweige und Reisig gesammelt werden. Geschützte Pflanzen und alle Orchideen sind davon ausgenommen. Pilze müssen grundsätzlich abgeschnitten und dürfen nicht ausgerissen werden, da sonst keine mehr nachwachsen.
- Baden ist außer in Schutzgebieten überall erlaubt. Mit dem Boot kann außer an Hausgrundstücken und an Privatstegen überall angelegt werden.
- Hunde müssen zwischen dem 1. März und dem 20. August angeleint, aber auch sonst immer beaufsichtigt werden.

- Beim Angeln sind unbedingt die gesetzlichen Bestimmungen einzuhalten.
Nähere Informationen hierzu erhalten Sie unter folgenden Adressen:

Schweden:
Naturvårdsverket
S – 10648 Stockholm
Tel.: 0046-8-6981000
Fax: 0046-8-6981662
E-Mail: kundtjanst@environ.se
Website: www.internat.environ.se

Norwegen:
Norwegian Mountain Touring Association
Storgata 3, Pb. 7, Sentrum
N – 0101 Oslo

185

Tel.: 0047-22-822800
Fax: 0047-22-822855
E-Mail: turinfo@dntoa.no
Website: www.dntoa.no

Finnland:

Finnish Tourist Board
P.O. Box 625
Töölönkatu 11
SF – 00101 Helsinki
Tel.: 00358-9-4176911
Fax: 00358-9-41769399
E-Mail: mek@mek.fi
Website: www.mek.fi

Maße:

Oft sind in Schweden Entfernungen in Meilen angegeben. Es handelt sich hierbei allerdings nicht um die aus England bekannte »mile«, sondern um die »schwedische Meile« = 10 km.

Währung:

Bitte denken Sie daran, dass Schweden und Norwegen nicht zur Eurozone gehören! Die Währung in diesen Ländern ist die schwedische Krone (SEK oder skr.) bzw. die norwegische Krone (NOK). Finnland hingegen hat zum 1.1.2002 den Euro eingeführt.
Die EC-Karte wird oft nicht als Zahlungsmittel anerkannt, eignet sich jedoch zum Geldabheben an Automaten. Kreditkarten sind in Skandinavien weit verbreitet, auch für kleinere Beträge und sogar in manchen Taxis. EC-Schecks und Postsparbücher werden nicht mehr akzeptiert.

Haustiere:

Die Mitnahme von Haustieren nach Skandinavien ist zwar möglich, aber nicht ganz unkompliziert. Am besten planen Sie Ihre Reise diesbezüglich sechs Monate im Voraus. Sie benötigen neben den üblichen Impfungen (Hund: Tollwut, Staupe, Leptospirose; Katze: Tollwut), die im Impfpass bestätigt sind, eine Laborbescheinigung/Gesundheitszeugnis, eine Einfuhrgenehmigung sowie eine Bescheinigung über eine aktuell durchgeführte Wurmkur. Des weiteren muss Ihr Tier eine Identitätsmarkierung haben (Tätowierung oder Mikrochip). Finnland verlangt darüber hinaus eine Bescheinigung über die Behandlung gegen den Fuchsbandwurm (Echinococcus multilocularis).
Informationen hierzu erteilen die Landwirtschaftsämter:

Schweden:

Statens Jordbruksverks, SJV
Smittskyddsenheten

S – 55182 Jönköping
Tel.: 0046-36-1545000
Fax: 0046-36-150818
Website: www.sjv.se

Norwegen:
Statens dyrehelsetilsyn
Postboks 8147 Dep.
N – 0033 Oslo
Tel.: 0047-23-216500
Fax: 0047-23-216501
E-Mail: post@dyrehelsetilsy-net.no
Website: www.dyrehelsetilsy-net.no

Finnland:
Food and Health Department of the Ministry of Agriculture and Forestry
P.O. Box 30
SF – 00023 Helsinki
Tel.: 00358-9-16053378
Fax: 00358-9-16053338
Website (auf englisch):
www.mmm.fi/el/julk/lemtu-oen.html#bm1

Zur Unterstützung Ihres Tierarztes finden Sie auf allen o.g. Websites Formblätter zum Download.

Häfen:

Gemäß dem skandinavischen »Jedermannsrecht« dürfen Sie an jeder Stelle des Kanals/Sees für kurze Zeit festmachen, sofern Sie nicht die Natur stören oder es sich um ausgewiesenen Privatgrund handelt.
Weiterführende Informationen über bewirtschaftete Häfen erteilen folgende Stellen:

Schweden:
Ein Verzeichnis der schwedischen Gasthäfen erhalten Sie für ca. SEK 80,00 beim schwedischen Segelclub:
Svenska Kryssarklubben
Augustendalsrägen
Box 1189
S – 13127 Nacka
Tel.: 0046-8-4482880
Fax: 0046-8-4482889
E-Mail: info@sxk.se
Website: www.sxk.se

Norwegen:
Telemark Reiser
N. Hjellegatan 18
Postboks 3133, Handelstorget
N – 3707 Skien
Tel.: 0047-35-900020
Fax: 0047-35-900021
E-Mail: info@telemarkreiser.no
Website:
www.visitTelemark.com

Auch der romantischste Hafen will wieder verlassen werden. Machen Sie sich auf zu neuen Ufern!

Finnland:

Saimaa Kanal
Itäinen Kanavatie 2
SF – 53420 Lappeenranta
Tel.: 00358-204-4830
Fax: 00358-204-483110

Nützliche Adressen:

STF – Svenska Turistförenin-
gen
Box 25
S – 10120 Stockholm
Tel.: 0046-8-4632100
E-Mail: info@stfturist.se
Website: www.stfturist.se

Swedish Travel & Tourism
Council
Lilienstrasse 19
20095 Hamburg

Tel.: 040-32551380
Fax: 040-32551333
Website: www.visit-
sweden.com
E-Mail: info@swetourism.se

Svenska Institutet – The Swe-
dish Institute
Box 7434
S _ 10391 Stockholm
Tel.: 0046-8-7892000
Fax: 0046-8-207248
E-Mail: order@si.se
Website: www.si.se

Föreningen Sveriges Kanaler
Website:
www.sverigeskanaler.com

Deutsche Botschaft in Schweden
Skarpögatan 9

Box 27832
S – 11593 Stockholm
Tel.: 0046-8-6701500
Fax: 0046-8-6615294
Website: www.german-embassy.se

Schwedische Botschaft in
Deutschland:
Rauchstr. 1
10787 Berlin
Tel.: 030-505060
Fax: 030-50506789
Website: www.schweden.org

Schwedisches Generalkonsulat
Alsterufer 15
20354 Hamburg
Tel.: 040-4501450
Fax: 040-45014514

Schwedischer Fahrradclub
Svenska Cykelsällskapet
Box 6006
16406 Kista
Tel.: 0046-8-7516204
Fax: 0046-8-7511935
E-Mail: info@svenska-cykel-sallskapet.se
Website: www.svenska-cykel-sallskapet.se

Norwegisches Fremdenver-kehrsamt
Postfach 113317
20433 Hamburg
Tel.: 0180-5001548

Fax: 040-22941588
Website: www.visitnorway.com

Telemark Reiser
N. Hjellegatan 18
Postboks 3133, Handelstorget
N – 3707 Skien
Tel.: 0047-35-900020
Fax: 0047-35-900021
E-Mail: info@telemarkreiser.no
Website:
www.visitTelemark.com

Deutsche Botschaft in
Norwegen:
Oscarsgate 45
N – 0258 Oslo
Tel.: 0047-22-275400
Fax: 0047-22-447672

Finnish Tourist Board
P.O. Box 625
Töölönkatu 11
SF – 00101 Helsinki
Tel.: 00358-9-4176911
Fax: 00358-9-41769399
E-Mail: mek@mek.fi
Website: www.mek.fi

Finnische Zentrale für
Tourismus
Lessingstr. 5
60325 Frankfurt
Tel.: 069-50070157
Fax: 069-7241725
E-Mail: finnland.info@mek.fi
Website: www.mek.fi

Botschaft der Republik
Finnland
Rauchstr. 1
10787 Berlin
Tel.: 030-505030
Fax: 030-50503333

Deutsche Botschaft in Finnland
Krogiuksentie 4
SF – 00340 Helsinki
Tel.: 00358-9-458580

Saimaa Kanal
Itäinen Kanavatie 2
SF – 53420 Lappeenranta
Tel.: 00358-204-4830
Fax: 00358-204-483110

Der Deutsche Motoryacht-
verband e.V.
Vinckeufer 12-14
47119 Duisburg
- u.a. Herausgeber der Zeit-
schrift»boote« (nützliche Tipps
und Informationen zu den verschiedenen Revieren)

Vereinigung Deutscher Yacht-
Charterunternehmen e.V.
(VDC)
Postfach 301491
50784 Köln

Kartenmaterial und Literaturhinweise:

Ein Verzeichnis der schwedischen Gasthäfen erhalten Sie

für z.Zt. SEK 80,00 beim
schwedischen Segelclub:
Svenska Kryssarklubben
Augustendalsrägen
Box 1189
S – 13127 Nacka
Tel.: 0046-8-4482880
Fax: 0046-8-4482889
E-Mail: info@sxk.se
Website: www.sxk.se

Kartenmaterial bzw. eine Liste
der Bezugsquellen nennt Ihnen
das schwedische Seeschiff-
fahrtsamt:
Sjöfartsverket
Abteilung Sjösäkerhetsrädet
S – 60178 Norrköping
Tel.: 0046-11-191260
Fax: 0046-11-168850
E-Mail:
export@sjofartsverket.se
Website: www.sjofartsverket.se

Informations- und Kartenmate-
rial für Norwegen (Telemarkka-
nal):
Telemark Reiser
N. Hjellegatan 18
Postboks 3133, Handelstorget
N – 3707 Skien
Tel.: 0047-35-900020
Fax: 0047-35-900021
E-Mail: info@telemarkreiser.no
Website:
www.visittelemark.com

Kartenmaterial für Finnland:
Saimaa Kanal
Itäinen Kanavatie 2
SF – 53420 Lappeenranta
Tel.: 00358-204-4830
Fax: 00358-204-483110

Genimap Oy
Unioninkatu 32
SF – 00170 Helsinki
Tel.: 00358-201-34040
Fax: 00358-201-340449
E-Mail: tilaus@genimap.fi
Website: www.genimap.fi

Literatur:

Henry Braunschweig:»Charterwissen für Motoryacht und Hausbootfahrer«, Reihe»Bordpraxis«
Paul Pietsch Verlage, Stuttgart, 2001

Bildnachweis:

Schweden-Werbung für Reisen und Touristik GmbH:
AB Göta Kanalbolag: S.62, S.94, S.97, S.99, S.101, S.113;
Göran Assner: S.123, S.127;
Fagersta Turism: S.149;
Glasriket, Publicum: S.90;
Hans Hammarskiöld: S.16;
Joachim Keitel: S.110, S.137, S.175;
Bosse Lind: S.14;
Johanna Löwenhamn: S.70;
Bengt Lundberg: S.76;
Christer Lundin: S.156;

Lisa Nestorsson: S.82, S.118;
Östgötaporten: S.106;
Patrick-Trägårdh: S.12;
Rederibolaget Göta Kanal: S.58, S.109;
Sigtuna Turism: S.165, S.166, S.188;
Skånes Turistråd: S.65;
STF: S.74;
Sveriges Rese- och Turistråd: S.144;
Turistråd Värmlands: S.89, S.139;
Turistrådet New York: S.132;
Westmanna Turism: S.6

Telemarkreiser:
Jørgen Kasin: S.185;
Asbjørn Lia: S.17;
Sandborg Press: S.25;
Jørn Steen: S.18, S.27;

Mikkeli District Tourist Service:
S.39;

Savonlinna Tourist Service:
S.8, S.11, S.32, S.35, S.36, S.46, S.52;

Varkaus Tourist and Congress Service:
S.49, S.51.